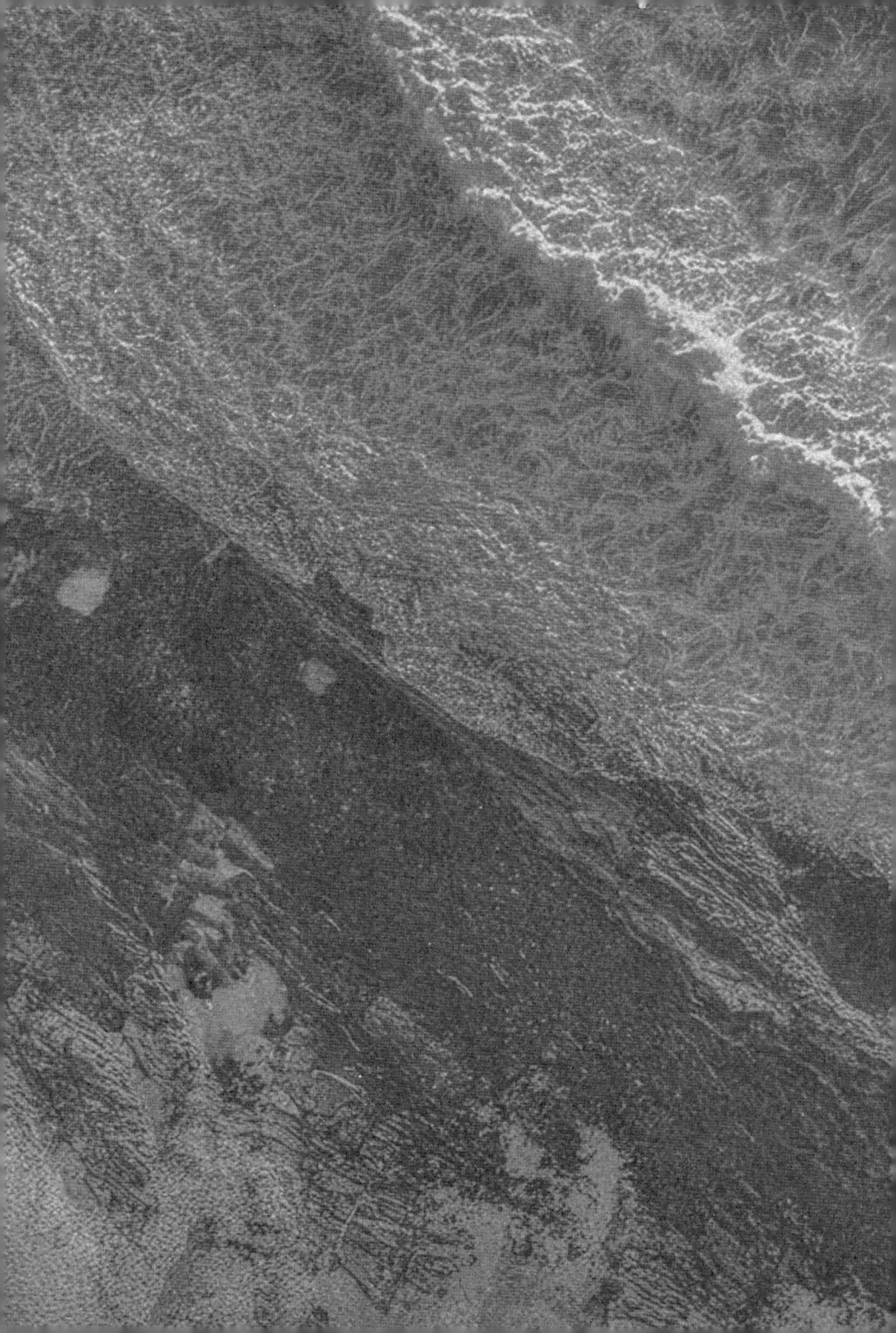

일하는
사람을
위한

ESG적
생각

일하는 사람을 위한

김민석 지음

ESG적 생각

비즈니스 세계에서
생존하기 위해 알아야 할 ESG

plan b
DESIGN

차례

PART 1

산업과 직무를 초월하다
우리 모두의, 일상의 ESG

PART 2

공간에 ESG를 녹여내다
지속가능경영 철학이 깃든 공간

추천사

민동석

전 외교통상부 제2차관·제19대 유네스코한국위원회 사무총장

ESG는 단순한 경영 트렌드가 아니라 지속가능한 미래를 위한 필수 과제이다. 또한, 더 이상 기업만이 아니라 국가와 사회가 함께 풀어야 할 시대적 과제이 기도 하다. 허리케인 카트리나로 수천 명이 희생된 참사를 겪으며 기후변화의 위기를 체감했다. 유네스코에서 아프리카 개도국을 대상으로 교육 분야 지원 활동을 하면서 개발 협력에 앞장서는 것이야말로 대한민국이 국제사회에 보 답하는 길이라는 것을 깨달았다. 이처럼 ESG 목표를 달성하려면 국제 협력이 절실히 필요하지만, 기후변화 대응에서 보듯 각국의 이해관계가 첨예하게 대 립하는 것이 현실이다.

이 책은 복잡하고 방대한 ESG 개념을 체계적으로 쉽게 정리하고, 실행 가능 한 해법을 제시한다. 특히 '우리 모두의 ESG' 관점은 지속가능한 미래를 위한 인류 공동의 책임감을 일깨워준다.

유연철
유엔글로벌콤팩트 한국협회 사무총장·전 외교부 기후변화대사

ESG가 기업의 전유물이 아닌 우리 모두의 일상이 되어야 한다는 저자의 시선은 남다르다. 이 책은 ESG를 거대 담론이 아닌 우리 삶의 구체적인 맥락에서 풀어낸다. 외교부 기후변화대사 시절부터 현재까지, 국제사회의 ESG 흐름을 지켜보며 느낀 것은 '실천 없는 선언'의 한계였다. 저자는 바로 그 지점에서 ESG의 일상적 실천 방안들을 제시한다.

로펌부터 부동산과 패션위크까지 ESG가 스며드는 다양한 영역을 다룬 폭넓은 시야와 '덜의 미학, 레스 웨이스트로 시작'까지 아우르는 철학적 성찰이 인상적이다. 유엔글로벌콤팩트가 추구하는 '모두를 위한 지속가능성'의 가치를 실현하는 데 이 책이 소중한 나침반 역할을 해주리라 믿어 의심치 않는다.

오승재
서스틴베스트 대표이사·변호사

이 책은 긍정적 의미로서 옴니버스 패키지이다. 저자는 섬세한 필력과 깊이 있는 통찰을 바탕으로 ESG를 일시적인 트렌드나 기업 평가 대응 과제를 넘어, 모든 사람을 위한Omnibus 일상과 조직, 사회 전반에 적용 가능한 '지속가능성의 철학'으로 풀어낸 에세이 묶음Package을 우리에게 선사한다.

저자는 ESG를 우리가 각자의 자리에서 고민하고 실천할 수 있는 태도와 철학, 사고의 틀로 제시하며, 국내외 실례를 통해 환경, 인권, 노동, 도시, 건물, 음식문화 등 광범위한 영역에서 ESG가 어떻게 연결되는지 생동감 있게 보여준

다. 특히 폭염이 사회적 재난이 되면서 미국 마이애미, 그리스 아테네 등 여러 도시에 '최고폭염책임자Chief Heat Officer'라는 새로운 직책이 생겨나고 있다는 점은 우리에게도 시사하는 바가 크다.

현재 기후위기, 인구구조 변화 등 대전환 시기를 살아가는 우리에게 ESG는 단기 유행이 아닌, 비즈니스와 사회의 지속가능한 생존 전략임을 설득력 있게 전달한다. 이론적 논의에 그치지 않고 ESG 업무를 직접 수행한 저자의 생각과 고민, 그리고 현장의 목소리를 담아낸 점이 인상적이었다. 저자는 복잡한 ESG 개념을 일상의 언어로 풀어내며, 독자들이 자신의 업무와 삶에서 구체적으로 어떻게 적용할 수 있는지에 대한 방향성을 제시한다. 이 책은 필시 ESG와 지속가능성을 '내 일'로 고민하는 독자들에게 신뢰할 만한 동반자가 되어줄 것이다.

김효석
19대 환경부 국립환경인재개발원 원장

저자를 처음 만나 얘기를 나누면서 여전히 소년의 감성과 호기심을 가진 철학자 같다는 생각을 했었다. 나는 기업과 공직에서 환경이라는 주제를 입체적으로 다루며 ESG 관련 다양한 텍스트와 구루guru들을 접해왔지만, 저자만큼 꾸준히, 그리고 깊이 있게 이 주제를 탐구해 온 이는 처음 만났음을 고백한다.

그는 텍스트에만 매몰되거나 단편적인 트렌드 분석에 그치지 않고 탄탄한 필력과 문제의식을 갖고 지속적으로 본질을 추구해 왔다. 이번 책은 저자가 평소 가진 문제의식과 치밀한 관찰, 그리고 사유가 집약된 결과물로, ESG를 둘러싼 우리 사회의 변화상을 가장 생생하게 담은 실록과도 같다.

교과서로 배운 이론에 실전 경험이 잘 결합되어야 좋은 성과를 얻듯, 수많은 이슈와 맥락을 현장 경험까지 갖춘 젊은 전문가가 잘 짚어내어 훌륭한 책이 되었다.

중간중간 배치된 'ESG적 생각'은 독자들로 하여금 저자의 관점perspective을 함께 느낄 수 있도록 따뜻한 손을 내밀고 있다.

정김경숙(로이스 김)
전 구글 커뮤니케이션 디렉터·전 한미그룹 브랜드총괄 부사장

글로벌 기업에 근무하면서 정치 환경의 변화에 따라 회사의 DEI 부서가 축소되고 이름마저 모호하게 바뀔 때 크게 실망을 느낀 적이 있다. 한순간 ESG를 덜 중요하고 덜 긴급한 의제로 치부하는 일부 경영자들의 발언 역시 마찬가지였다. 그런데 이 책은 그런 실망감에 대해 명쾌한 답을 준다. 정치적 논쟁에 휘둘리기보다는 내가 일상에서 바로 할 수 있는 일을 지금 하는 것이 중요하다는 것임을 말이다.

ESG가 '경영자들이나 고민하는 것, 심각하고 재미없고 딱딱한 것, 내가 당장 안 해도 그다지 티 나지 않는 것, 죄책감이나 불편함을 불러일으키는 것'이라는 편견과 선입견을 이 책은 단방에 날려 버린다. ESG가 재밌고, 쉽고, 또 구체적임을 알려준다. 매일 아침 이미 무거운 출근길 가방에 넣을까 말까 고민하던 텀블러를 결국 챙기게 하는 힘을 준다. 작가의 말처럼 ESG는 태도다.

ESG팀만의 것이 아닌,
우리 모두가 알아야 할 ESG

갈이천정渴而穿井.

'목이 말라야 비로소 우물을 판다'는 뜻이다. 미리 준비하지 않고 있다가, 급하게 허둥지둥 대책을 세우는 것을 꼬집는 말이다. 뒤늦게 어떤 사안에 대응하다 보면, 실기失期하는 경우가 많다.

최근 들어 ESG에 대한 볼멘소리가 곳곳에서 들린다. ESG가 중요하다고 경쟁하듯 앞다퉈 이야기했던 게 엊그제 같은데, 벌써 'ESG 회의론', 'ESG 무용론'을 제기하는 것이다. 소극笑劇이 따로 없다. 이는 아직도 ESG를 단순한 사회공헌활동 정도로 오인하는 것에 기인한다.

ESG는 투자와 연관된 경영 철학이고, 최근에는 의무적인 공시 제도와도 깊이 연결된다. 연탄 배달을 하고, 헌혈과 김장 나누기 행사를 통해 사랑을 전하는 활동에 그치는 게 아니라는 것이다(물론 이런 활동의 가치와 의미도 인정한다).

'그린래시greenlash'라는 조어도 나왔다. 이는 녹색정책green과 반발backlash의 합성어로 경제적 부담이 크고 사회적 갈등을 유발한다는 이유로 친환경 정책에 반대하는 현상이다. ESG의 종말을 이야기하는 사람들도 있다. 이런 흐름을 보며 역으로 생각하게 된다. '반발'과 '종말'을 운운할 정도로 ESG의 영향력이 커졌다는 것을. 그래서 되레 ESG는 퇴각할 것 같지 않다.

지금부터 차근히 각 조직에 ESG DNA를 내재화하지 않으면, 세계적인 ESG 규제에 능동적으로 대처하기 어렵다. 치열한 경쟁이 기본값이 되는 경영 환경에서 뒤늦은 행보를 이해해 줄 투자자나 고객은 없다.

각 분야에서 시장 점유율을 확보하기 위해 생존을 건 혈투를 펼치는 비즈니스 세계에서 ESG 이슈를 '갈이천정'의 태도로 임하는 것은 곧 '자멸'을 의미한다. 인정이 있는 일상에서는 목 마른 이웃에게 물을 건넬 수 있을지 모르지만, 경영 문법에서는 목이 마르기 전에 우물을 파 놓는 것이 전제되어야 마땅하다.

물론 ESG가 기업 경영의 전부라고는 생각하지 않는다. ESG라는 용어 자체는 다른 단어로 바뀔 수도 있을 것이다. ESG가 ABC가 되거나 아니면 거꾸로 GSE가 될 수도 있다. 그럼에도 '지속가능경영'이라는 테마는 앞으로도 유효할 것이다. 그 지속가능함을 견인하는 다양한 제도와 정책이 수립되고 있으며, 이는 기업에 또 다른 의무

사항이 되고 있다. 비재무성과의 중요성도 쉬이 소실되지 않을 것이다.

ESG, 나의 일, 그리고 우리 모두의 일

ESG라는 도저한 물결, 어떤 부서에서 일하든 나라고 예외가 될 수 없는 법이다. ESG는 ESG 전담 부서만의 것이 아니다. 당장 우리의 이야기가 될 수 있다. 인사팀이든, 커뮤니케이션팀이든, 재무팀이든, 기획팀이든, 법무팀이든, 총무팀이든, 영업팀이든 ESG를 알아야 한다. 일 잘하는 사람이 되고 싶다면 더욱이.

인사팀을 예로 들어보자. 2023년에 〈인사조직연구〉에 게재된 논문 '조직 평판으로서의 ESG 시그널:구성원 이직 의도, 인지와 도구성 효과에 관한 연구'[1]에 따르면, 기업의 ESG 평판은 구성원들의 이직 의도를 줄이는 효과가 있는 것으로 드러났다. ESG 성과가 높은 조직일수록, 구성원들이 조직의 ESG 활동에 대해 더 잘 인지했고, 이는 이직 의도의 감소로도 이어졌다.

---

[1] 장은미, 권지민, 김보경. (2023). 조직 평판으로서의 ESG 시그널:구성원 이직 의도, 인지와 도구성 효과에 관한 연구. 인사조직연구, 31(2), 1-24. 조직의 ESG 평판 정보는 외부 자료에 근거했고, 기업 구성원들을 대상으로 온라인 설문 조사를 병행했다. 참고로 윗글에서는 편의상 연구 방법이나 가설 검증 등에 대한 자세한 설명을 줄이고, 논문의 일부 결과를 짧고 거칠게 요약한 것임을 밝힌다. 위 논문을 읽어보면, 더 생각해 볼거리가 곳곳에 많다.

ESG 경영에서 높은 성과를 얻은 것이 곧 내부 구성원들에게 자동으로 전달되는 것은 아닐 터이다. 한국ESG기준원KCGS이나 서스틴베스트의 ESG 평가 결과가 ESG 전담 부서만의 관심 영역으로 국한되어서는 안 된다. 여러모로 ESG와 관련해서 다양한 방식으로 내부 커뮤니케이션을 활발히 해야 한다는 시사점을 도출할 수 있겠다. ESG팀, 커뮤니케이션팀, HR팀의 협업이 긴요하다. 이는 ESG 활동에 대한 인지 제고뿐 아니라 도구성 인지 제고에도 도움을 줄 것이다.

ESG뿐 아니라 다양한 요소에서 기업의 평판이 좋을수록 '조직에 기반하는 자부심organization-based self-esteem'을 느끼는 구성원이 늘어나는 현상은 자명할 것이다. 다만 조직 평판과 이직 의도 사이에는 양면적인 측면이 존재한다. 우수한 조직의 구성원이라는 자부심으로 이직을 덜 고려할 수도 있지만, 반대로 그 우수한 조직 평판이 인력 시장에서 소속 직원의 경쟁력을 높여 이직 가능성을 키울 수도 있기 때문이다.

정리해 보면, 요즘과 같이 잦은 이직이 화두가 되는 환경에서 ESG 경영이 이직 감소에 긍정적 영향을 줄 수 있어, ESG에 대한 사내인지가 중요하다는 것이다. 고로 내가 ESG 주무 부서에 속해 있지 않다고 해도, 인사관리를 고민하고 있다면 ESG에도 관심을 기울여야 마땅하다.

딜로이트의 설문 조사 결과(〈2024 Gen Z and Millennial Survey〉[2])도 흥미롭다. 응답자의 약 4분의 3은 잠재적 고용주를 고려할 때 조직의 지역사회 참여와 사회적 영향력이 중요한 요소라고 응답했다. 또 Z세대와 밀레니얼 세대의 46%와 42%가 환경적 영향에 대한 우려로 인해 직업이나 산업을 바꿨거나 바꿀 계획이 있다고 말했다. 1년 전 같은 질문에는 각각 42%와 39%의 수치를 보였다. ESG와 HR의 연결고리, 앞으로도 더욱 견고해질 것 같지 않은가.

'ESG적ESGtive 생각'이 필요한 시대

ESG를 둘러싼 사회적, 정치적, 문화적 환경이 급변하고 있다. 이럴 때일수록 중심을 잡아야 한다. ESG에 대한 태도를 고민해야 할 때다. 'ESG적ESGtive 생각'이 긴요할 터이다. 경영학의 관점뿐 아니라 사회학적 렌즈로도 ESG 현상을 해석할 수 있어야 할 것이다.

몇 년 전부터 ESG가 한국 사회를 강타하면서 ESG를 다룬 책들이 여럿 나왔다. 유익한 콘텐츠도 분명 많았지만, ESG 도입 초기였던 지라 대부분 ESG의 개념, CSR과 ESG의 차이, 지속가능발전목표

---

2   Deloitte. (2024). 2024 Gen Z and Millennial Survey: Living and working with purpose in a transforming world.

SDGs 소개 등 개념 풀이 수준의 개론서가 많았다. 물론 이런 개념 잡기도 필요하다.

다만 ESG라는 트렌드를 대하는 자세와 시각이 결여되어 있었다. ESG도 하나의 업이자 직무이고 연구 분야인데, ESG에 대한 철학과 고민이 부족했다. ESG라는 업의 지속가능함을 위해서라도 ESG적 생각의 정리가 요구된다. 필자는 이 책을 감히 '지속가능경영 에세이'라고 칭하고 싶다. 일상생활부터 업무 공간까지, 마케팅부터 HR까지, ESG가 깃든 사회 곳곳에 대한 특유의 시선을 담아냈다.

우물의 물은 한정되어 있다. 양뿐 아니라 물을 길을 시간도 제한되어 있다. ESG를 대하는 우리의 태도를 되돌아보자. 벤저민 프랭클린Benjamin Franklin의 말로 마무리한다.

"준비에 실패하는 것은 실패를 준비하는 것이다
(By failing to prepare, you are preparing to fail)."

이 책이 ESG를 대하는 우리의 마음가짐에 작은 준비가 되길 바라 마지않는다.

저자 김민석

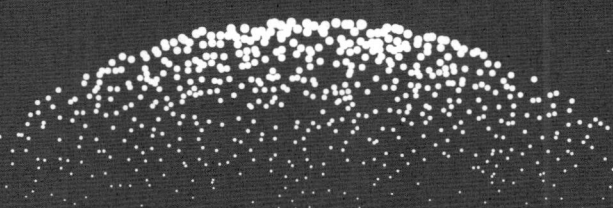

PART
1

산업과 직무를 초월하다
우리 모두의, 일상의 ESG

ESG와 HR의 접합,
'기후 사직자'의 출현

'기후 사직Climate Quitting'에 대해 들어보았는가?

한동안 HR 담당자들 사이에서 입길에 오르내린 단어 중 하나는 '조용한 사직Quiet quitting'이었다. 국내에서도 조용한 사직을 주제로 학위 논문[1]이 나오기도 했다. 최근에는 '조용한 고용Quiet Hiring[2]'에 대한 논의도 부쩍 늘어났다.

'대퇴사The Great Resignation'의 시대라 불리는 지금, HR 영역의 개념 앞에 붙는 수식어가 보다 다양해지고 있다. 사직이면 사직이고, 고용이면 고용이지, 왜 추가적인 형용사가 동원되었을까? '조용한'이

---

1   오현수. (2024). 직무 불안정과 성과 보상 연계성이 조용한 사직에 미치는 영향: 심리적 계약위반의 매개 효과, 개인주의의 조절 효과. 조선대학교 대학원 박사학위 논문 : 서충완. (2024). MZ세대의 조용한 사직 현상과 정책적 대응 모색. 전남대학교 대학원 석사학위 논문. 등등
2   전종희. (2023). '조용한 고용'의 특징과 적용 방안 연구. 인문사회 21, 14(3), 5451-5466.

라는 수식이 없으면 설명이 온전하지 않기 때문이었을 것이다. 그만큼 HR에서 벌어지고 있는 현상은 점점 복잡다기해지고 있다.

이 글에서는 조금 다른 맥락의 이야기를 꺼내 보려고 한다. 바로 '기후 사직'이다. 새로운 수식어가 또 붙었다. '기후'와 '사직'이 결합한 것을 보니, ESG와 HR이 접합되어 만들어진 조어임을 어렵지 않게 유추할 수 있을 것이다.

기후를 대하는 기업의 자세, 인재 채용에까지 영향을 미치다

기후 사직은 기후위기 대처에 소홀하거나 기후위기에 부정적 영향을 끼치는 기업에서 일하기를 거부하는 상황을 일컫는다. 이제 ESG 경영을 진정성 있게 추진하지 못하는 기업은 대외 평가에서 혹독한 평가를 받거나 투자자와 소비자의 외면을 받는 것은 물론이고, 유능한 직원의 이탈로 고통받게 될 공산이 커졌다. 탄소중립 이행에 역행하는 기업은 역량 있는 인재를 채용하는 단계에서부터 어려움에 봉착할 것이다.

2023년 영국에서 약 6천 명을 대상으로 실시한 KPMG의 조사[3]에 따르면, 18세에서 24세 사이의 응답자 중 약 3분의 1은 'ESG 경영이 모범적이지 않은 기업의 일자리 제안을 거절하겠다'라고 밝혔다.

이런 경향은 특히 젊은 세대에게 보다 두드러진다. 추후 기후재앙 Climate Disaster의 영향을 가장 많이 받을 세대이기에 사실 그리 놀랄 것도 없는 씁쓸한 결과다.

이번 조사의 책임자인 존 맥캘러-레이시John McCalla-Leacy는 2025년 까지 근로 인구의 넷 중 셋이 밀레니얼 세대가 될 것이기에, 기업에서 인재풀을 유지하기 위해서는 신뢰할 수 있는 ESG 전략을 수립해야 한다는 의견을 피력했다.

다른 연령대에서도 잠재적 고용주의 ESG 경영 의지를 면밀하게 들여다보고 있고, 이직 및 퇴사를 결정하는 데 이런 것들이 적지 않은 영향을 주는 것으로 드러났다. 처우나 기업문화가 우수해도 핵심 인재를 놓칠 수 있는 것이다.

 ESG적 생각

'기후 사직자'의 출현은 외신에서나 보는 남의 나라 얘기가 아니다. 나의 동료와 선후배가 기후 사직자가 될 수 있다. 이런 사직은 전통적인 HR의 접근법만으로는 막기가 어렵다. 앞으로도 HR의 지속가능성과 ESG의 지속가능성의 접점이 점점 늘어날 공산이 크다. HR과 ESG, 끝없이 만나고 대화해야 하는 이유다.

3   KPMG. (2023). Climate quitting - younger workers voting with their feet on employer's ESG commitments.

폭염으로 낭만을 도둑맞은 가을, 기후 전사 CHO의 등장

퇴근하고 집에 오면 아이는 자꾸 밖에 나가자고 한다. 아이는 집 밖의 모든 것이 신기하다. 나무도, 자동차도, 그네도, 옆집 강아지도 다 흥미롭기만 할 터이다.

놀다 집에 와 좀 더 어두워지니 이젠 달과 별을 보고 싶다고 보챈다. 아빠에게 달랑 안겨 달을 한번 보고 와서 '코~' 하겠다고 한다. 천사의 애교에 아빠는 다시 아이를 안고 밖을 향한다.

하늘 색깔이 오묘하다. 검은색도 아니고, 남색도 아니다. 진보라 색이라고 말해 주었다. 달이 보이지 않으니, 아빠에게 달이 어디 갔냐고 묻는다. 구름 뒤에 숨었다고 답해 주었다. "이제 하루가 지나갔네"라는 말과 함께 다시 집 안으로 들어가려고 하니, 아이는 그러면 "하루는 어디 갔어?"라고 되묻는다. 꼬마 시인과의 대화는 늘 즐겁고 벅차다.

윙윙. 9월이니 예전 기준으로는 '가을' 밤이다. 낭만적인 부자의 대화를 방해하는 놈이 있었으니, 바로 나의 목과 팔, 다리를 물고 간 모기다. 지독하다. 나야 물려도 상관없는데, 아이의 하얗고 토실한 종아리에도 모기의 흔적이 발견됐다. 물 곳이 어디 있다고 저 작은 아기를. 밤에 애를 데리고 나가지 말라고 아내에게 혼이 났다.

수형受刑 생활의 위협 요소가 된 불더위

9월(이 글을 쓴 시점이었다)인데 최근까지 꽤 더웠다. 어린이집에 간 아이의 사진이 오후 2시쯤 부모가 볼 수 있는 앱에 올라오는데, 아이들의 복장이 다들 아직 한여름이다. 이러다 갑자기 또 추워지겠지. 가을의 상실. 예전 9월과 10월의 분위기가 그립다.

9월에 폭염을 주제로 글을 쓰고 있다. 벨기에에서는 1892년 공식 기록 이래 처음으로 '9월 폭염(벨기에 기상 당국 기준)'이 관측됐다. 영국도 30도가 넘어가는 날이 9월 기준 최장 기록을 경신했다. 프랑스에서는 무더위가 노동 문법까지 바꾸고 있다.[1] 포도 수확 시간대가 대낮에서 밤늦은 시간 혹은 새벽으로 변경된 것이다. 이제 보르도 와인은 새벽 노동의 결과물이 됐다.

---

1   권수현. (2023). "지구촌 곳곳서 '9월 폭염'…여름 넘어 올해 최고기온 기록까지". 연합뉴스, 9.9.

미국 미네소타에서는 죄수들의 단체행동이 벌어졌다.[2] 37도를 상회하는 폭염 탓에 감방 복귀를 거부한 것이 그 이유다. 이 또한 마찬가지로 9월에 일어난 소동이다. 이례적인 폭서로 미국에서는 냉방 시설이 열악하거나 환기가 잘되지 않은 교도소 수감자들에 대한 우려가 커지고 있다. 이후 미네소타 교정국은 교도소의 포괄적인 식수 검사를 명령하기도 했다.

도쿄 올림픽, 폭염으로 기권자가 속출했던 '생존 게임'

2021년에 개최된 도쿄 올림픽에서는 경기 도중 극심한 더위를 못 버티고 기권하는 선수가 속출했다. 4년, 아니 무려 5년을 기다린 국제 대회에서 각 국가의 최고 기량을 가진 최정예 선수들이 살인적인 폭염에 경기를 포기한 것이다. 귀책은 선수들에게 있는 게 아니라, 기후에 있다. 올림픽이 '생존 게임'이 됐다.

러시아의 양궁 선수는 열사병으로 쓰러졌고, 마라톤 대회에서는 수십 명이 경기를 다 마치지 못했다. 테니스 경기장에서는 "만일 내

---

2 James Gregory. (2023). "Minnesota jail put in lockdown after inmates stage protest". BBC, 9.4.

가 죽으면 당신이 책임질 것이냐!"라는 고성이 터졌다. 세계 랭킹 2위 선수의 입에서 터져 나온 절규다. 휠체어를 타고 경기장 밖으로 나가는 선수의 모습도 전 세계에 방영됐다.

당시 일본 NHK 방송의 한 기상캐스터는 "폭염이 도쿄의 올림픽 선수들과 자원봉사자들을 고문하고 있다"라는 말을 SNS에 올렸다. 영국의 유력 일간지 《가디언The Guardian》은 '도쿄 올림픽 선수들과 자원봉사자들이 역대 가장 더운 올림픽으로 고문을 당하다tortured'라는 제목의 기사[3]를 게재했다. 세계인의 축제인 올림픽에 '고문'이라는 수식이 붙다니. 참으로 비극적인 결합이다.

더위 문제에 맞서는 '기후 전사' CHO의 등장

이러다 보니 '기후 전사'라는 이색적인 직책이 생겨났다. 이 기후 전사의 이름은 CHO다. CFO(최고재무책임자), CTO(최고기술책임자), CMO(최고마케팅책임자), COO(최고운영책임자)가 아닌 CHOChief Heat Officer다. 최고폭염책임자, 최고열관리책임자 등 번역도 아직 제각각 이다. 폭염으로 인한 위험을 관리하고 피해를 최소화하며, 사고에

---

3   Jonathan Watts. (2021). "Olympic athletes and volunteers in Tokyo 'tortured' by hot-
     test Games ever". The Guardian, 8.5.

대응하고 대책을 마련하는 중차대한 역할이 CHO에게 주어졌다.

2021년 미국 마이애미에서 세계 최초의 CHO가 탄생했다. 미국에는 마이애미뿐 아니라 로스앤젤레스와 피닉스 등에도 CHO가 나왔다. 유럽에서는 그리스 아테네, 아프리카에서는 시에라리온 프리타운, 남미에서는 칠레 산티아고, 아시아에서는 방글라데시 다카(정확히는 Dhaka North City Corporation 소속)가 각 권역의 선도적인 CHO 도입 도시로 이름을 올렸다.

이들은 도심 속 '피서 쉼터'를 마련하고, 폭염 피해를 알리는 경보체계를 구축하며, 에너지 절약에 대한 인식 개선 캠페인을 기획한다. 그 과정에서 유관 부처와 협의하고, 정책 입안자들에게 녹지공간의 비중을 늘리고 고효율 에어컨을 설치하는 것의 중요성을 설명한다. 또 폭염에 대한 장단기 계획을 체계적으로 수립하고 실행하는 데 혼신의 힘을 다한다.

폭염은 공중보건의 혜택에서 유리되기 십상인 취약계층에 더 큰 타격을 준다. 다른 재난과 마찬가지로 폭염의 여파는 불평등한 얼굴을 띤다. 특히 야외 작업 근로자는 휴식을 포기하면서까지 고된 일에 매달리게 되는데, 햇볕에 직접 노출된 이들은 열사병 등으로 고통받을 공산이 크다. 당연히 에어컨도 쉽게 틀 수 없는 환경일 것이다. 그래서 CHO는 사회적 약자의 곁에서 시선을 떼서는 안 된다. E(환경) 측면뿐 아니라 S(사회) 측면에서도 CHO의 역할은 막중하다.

시에라리온의 수도 프리타운의 CHO인 유지니아 카르그보Eugenia Kargbo는 기후변화가 코로나 19와 마찬가지로 전 세계적인 문제이기에 공동으로 대처해야 한다고 강조한 바 있다.[4] 폭염으로 유럽에서만 수만 명이 목숨을 잃은 상황에서, 국제사회는 폭염 문제에 힘을 합쳐야 한다.

 ESG적 생각

한국에도 CHO가 탄생하게 될까? 부처와 지자체에서도 숙고할 부분이다. 폭염이 전통 행정학의 내러티브를 뒤흔들고 있다. CHO까지 생겨날 지경이라면, 웃어야 하나, 울어야 하나.

깊어지는 가을밤, 예전 같았으면 창고에 들어가야 할 선풍기가 고개를 쳐들고 좌우로 회전하고 있다. 가을은 좀 가을 같았으면 좋겠다.

4   Kim Harrisberg. (2021). This African nation has named its first chief heat officer. Here's what it means. The World Economic Forum.

빼앗긴 언어에도
봄은 오는가

가수 정인이 가진 희소하면서도 특유의 매력적인 탁성으로 뽑아내는 애절한 노래 〈장마〉를 가끔 듣는다. 노래를 들을 때 연상되는 어떤 날씨와 분위기가 있다.

> "계속해서 비는 내렸다. 어쩌다 한나절씩 빗발을 긋는 것으로 하늘은 잠시 선심을 쓰는 척했고, 그러면서도 찌무룩한 상태는 여전하여 낮게 뜬 그 철회색 구름으로 억누르는 손의 무게를 더한층 단도리하는 것이었고, 그러다가도 갑자기 하마터면 잊을 뻔했다는 듯이 악의에 찬 빗줄기를 주룩주룩 흘리곤 했다. 아무 데나 손가락으로 그저 꾹 찌르기만 하면 대꾸라도 하는 양 선명한 물기가 배어나왔다."[1]

1   윤흥길. (2005). 『장마』. 민음사.

이데올로기의 비극을 보여주는 분단 문학의 걸작, 윤흥길의 『장마』에서 가져온 대목이다.

필자에겐 어렸을 때부터 익숙했던 '장마'라는 용어. 위와 같이 노래에도, 문학에도 담겨 있던 이 단어가 옷을 갈아입게 될 것 같다. 순우리말인 '장마'는 수백 년의 나이테[2]를 갖는 말인데, 기후변화로 인해 본래 의미(여름철에 여러 날을 계속해서 비가 내리는 현상이나 날씨. 또는 그 비[3])를 잃어가면서 재정의 및 용어 변경의 필요성이 대두한 것이다. 우기雨期 등이 새로운 옷의 후보군이다.

'장마' 용어 재정립을 고민하는 기상학계

하루는 우산을 들고 나가도 옷이 다 젖어버릴 정도로 비가 사방에서 쏟아지고, 다음날에는 찜통더위에 땀으로 샤워를 하게 된다. 우리가 알고 있던 '장마철'의 모습과 사뭇 다르다. 스콜(열대성 소나기)에 가깝다는 이야기도 나온다. 기상학계까지 나서 용어 재정립

---

2 장은철, 김민우, 김주완, 손석우, 이규원, 차은정. (2023-11-01). 강수 형성 구조를 중심으로 판단한 장마의 개념. 한국기상학회 학술대회 논문집, 부산.

3 표준국어대사전에 따른 사전적 의미이다. 반면 대기과학용어사전에서는 장마를 '장마철 정체전선의 형태로 내리는 비'로 규정한다. '장마'에 대한 대중의 정의, 기상학계의 정의는 결이 조금 다름을 알 수 있다.

논의에 불을 지피게 된 배경이다.[4]

'장마'가 '우기'로 바뀐다면? 기상학적 지식을 다 걷어내고 보더라도, 벌써 어감부터 결이 매우 다르다. '우기'라고 하면 동남아 국가들의 축축한 풍경이 연상된다. '한국형'이라는 접두어가 붙을지도 모른단다. '한국형 우기'. 아직은 정서적으로든 언어적으로든 그저 생경하기만 하다.

'극한 호우'와 '극한 표현'

2023년 다들 처음 접한 '극한 호우'는 또 어떠한가? 1시간 동안 강수량이 50mm이고, 3시간 누적으로 90mm를 넘기는 호우를 가리키는 용어다. 이 또한 기존에 많이 쓰던 '집중 호우', '집중 폭우'로는 지금의 기후 현상을 완전하게 설명할 수 없기에 새로 고안된 언어다.

'극한'으로 치닫고 있는 기후위기, 이를 설명하는 표현도 함께 더거칠어지고 있다. 다만 아직 전 지구적 위기에 대한 우리의 준비상황, 경각심은 이를 따라가지 못하는 듯하다. 2023년 여름의 참혹한비극은 그렇게 반복됐다.

---

4   차유미, 차은정, 도현석, 이현철, 박향숙, 강현석. (2023-11-01). '장마' 용어 재검토 필요성. 한국기상학회 학술대회 논문집, 부산.

기후변화Climate Change, 지구 온난화Global Warming라는 말에는 세계 도처에서 일어나고 있는 사태의 급박함이 온전히 반영되어 있지 않다. 그래서 기후변화는 기후비상Climate Emergency, 기후붕괴Climate Breakdown[5] 등으로, 지구 온난화는 지구 가열화Global Heating로 대체해야 한다는 목소리가 설득력을 얻고 있다.

지구 온난화가 아닌 지구 열대화

급기야 2023년 7월은 '역사상 가장 더운 달'이라는 세계기상기구WMO·World Meteo-rological Organization의 진단을 토대로 유엔 사무총장의 섬뜩한 경고 메시지가 나왔다.

> "지구 온난화의 시대는 끝났다. 이제 지구 열대화Global Boiling의 시대가 도래했다."[6]

기후위기는 우리의 삶과 인식 자체를 뒤흔들어 놓고 있다. 미국

---

5 Sam Meredith. (2023). "World just endured its hottest summer on record. UN chief says 'climate breakdown has begun'". CNBC, 9.6.

6 Ajit Niranjan. (2023). "'Era of global boiling has arrived,' says UN chief as July set to be hottest month on record". The Guardian, 7.27.

국토안보부 차관보를 역임한 줄리엣 카이엠Juliette Kayyem 하버드대학 케네디 스쿨 교수는 "재난과 위기는 일회성, 우연한 사건, 드물게 일어나는 사건이 아니다"[7]라고 말했다. 기후위기도 마찬가지다. 일상화되고, 되풀이된다. 그의 말마따나 예방뿐 아니라 '결과 최소화 consequence minimization'에도 신경 써야 할 시점이다.

기후위기로 우리는 익숙한 단어를 빼앗길 지경에 놓였다. 위기 대응에 중지를 모으지 않고, 또 면피 목적의 땜질식 처방으로 넘어가는 데 급급하다면, 그다음 우리는 또 무엇을 빼앗길까? 생각조차 하기 싫은 자문이다.

새로운 용어의 등장은 위기에 대한 인식 전환의 기회가 될 수 있다. 기존 단어가 다른 단어로 바뀌는 과정에서 우리는 기후위기의 실체를 더 명확히 인식하게 되고, 이는 실질적인 행동 변화로 이어질 수 있다.

언어는 단순한 소통 도구를 넘어 우리의 인식과 행동을 형성하는 강력한 힘을 가지고 있다. 단순한 용어 변경이 아니라, 위기에 대한 우리의 태도 변화를 요구하는 신호이다. 이러한 언어적 변화를 통해 우리는 기후위기의 심각성을 더 깊이 인식하고, 보다 적극적인

---

7   줄리엣 카이엠. 김효석·이승배·류종기 역. (2023). 『악마는 잠들지 않는다:일상화된 재난의 시대를 살아가는 법(The Devil Never Sleeps: Learning to Live in an Age of Disasters)』. 민음사.

대응 방안을 모색할 수 있을 것이다.

 ESG적 생각

빼앗긴 언어에도 봄은 온다.

그 봄을 맞이하기 위해 우리는 더 이상 미룰 수 없는 변화에 동참해야 한다. 겨울이 깊고 길수록 봄은 더욱 찬란할 터이니, 그 봄을 맞이할 준비를 단단히 하자. 언어의 변화가 인식의 변화를 이끌듯, 우리의 작은 실천이 모여 기후위기라는 거대한 도전 앞에서도 희망의 언어를 되찾을 수 있을 것이다. 새로운 용어들이 절망이 아닌 각성의 메신저가 되기를, 그리하여 미래 세대에게 물려줄 언어가 위기가 아닌 회복의 이야기로 채워지기를 간절히 바란다.

불완전해도 괜찮아, '기후미식'에 눈을 돌려보자

2023년 6월 국내 최대 규모의 책 축제인 '2023 서울국제도서전 SIBF·Seoul International Book Fair(이하 도서전)'에 다녀온 적이 있다. 닷새 동안 서울 삼성동 코엑스에서 대한출판문화협회KPA 주최로 열렸던 도서전에는 무려 13만 명의 사람이 찾았고, 36개국에서 500개가 넘는 출판사가 참여했다. 직전 행사의 3배에 가까운 규모다. 흥행에 성공한 것이다.

코엑스 행사장을 가득 채웠던 크고 작은 출판사들의 부스. 그 부스를 오가는 사람들과 책에 관한 수많은 이야기. 활자가 외면받는 시대에 '도서전'이라니, 그 자체로 흥미로운 이벤트가 아닐 수 없었다.

국제 도서전을 수놓은 '책임의식을 지닌 음식 소비'

ESG를 주제로 삼고 있는 책에서 갑자기 도서전 이야기를 왜 꺼내는 건지 의아해하시는 독자가 있을 수도 있겠다. 설마 독서의 효용을 얘기하면서, 책을 통해 ESG 정신을 설파하려는 것일까. 아니면 '비인간, 인간을 넘어 인간으로 NONHUMAN'이라는 도서전의 테마에 대해 정색하고 얘기하려는 것일까.

그렇게 무리수를 둘 생각은 없다. 2023년도 도서전의 주요한 기획 코너 중 하나가 '기후미식Climate Gourmet'이었다는 점을 얘기하고 싶다. 자연스레 기후미식과 관련한 다양한 도서들을 접할 수 있었다. 책뿐 아니다. 친환경 식음료도 체험해 볼 수 있었다. 비건 버터, 대체 수산물, 대체육, 식물성 참치 등이다. 식물성 참치의 이름이 기발하다. 언튜나UNTUNA다.

기후미식은 어떤 개념일까? 『기후미식-우리가 먹는 것이 지구의 미래다』의 저자인 직업환경의학 전문의 이의철 박사는 기후미식을 "온실가스 배출을 최소화하면서 즐길 수 있는 음식, 지속가능한 생태계를 염두에 둔 음식을 준비하고 접대하는 행동"[1]으로 규정한다. 간단하게는 '책임의식을 지닌 음식 소비' 정도로 요약할 수 있겠다.

---

1   이의철. (2022). 『기후미식-우리가 먹는 것이 지구의 미래다』. 위즈덤하우스.

스티븐 호킹의 역설, "인간은 지구를 떠나야 합니다"

매일 마주하는 먹거리에까지 기후변화 담론을 가져오는 것은 지나치지 않냐고 반문하는 이가 있지 않을까 싶다. '기후위기'라고 하면 딱 떠오르는 키워드는 '날씨'다. 음식과는 크게 관련 없어 보이기도 한다.

하지만 전체 온실가스 배출에서 육식이 기여하는 비중을 감안하면 이야기가 달라진다. 아마존 밀림이 파괴되는 이유의 절대적 비중은 축산업에 기인한다. 먹는 문제가 곧 기후 문제로 치환되는 것이다. 지구가 우리에게 너무 작아지고 있다며, 인간이 지구를 떠나야 한다고 갈파했던 천체물리학자 스티븐 호킹Stephen Hawking의 말[2]이 귓가에 스친다.

사실 우리에게 '고기'가 '건강'의 유의어였던 적이 있다. 보릿고개 시절도 있었으니 말이다. 다만 이의철 박사의 말마따나 성장을 촉진하는 동물성 단백질에 대한 무조건적인 상찬은 '인간을 공장식 축산의 가축과 비슷하게 바라보는 것'[3]일지도 모르니 경계해야 한다.

---

2   조너선 사프란 포어. 송은주 역. (2020). 『우리가 날씨다(We Are the Weather: Saving the Planet)』. 민음사.

3   이의철. (2022). 『기후미식-우리가 먹는 것이 지구의 미래다』. 위즈덤하우스.

이런저런 통계를 갖다 대도 지금까지 먹거리를 기후위기로, ESG로 연결 짓는 시도는 크게 주목받지 못한 듯하다. 소설가 조너선 사프란 포어Jonathan Safran Foer의 어법을 빌리자면, 우리는 무수히 많은 '고정된 무관심 편향'[4]과 치열하게 맞서야 한다.

0과 1의 차이, 불완전 채식주의자의 존재 미학

친환경 먹거리를 주제로 얘기할 때 종종 거부감을 갖게 되는 배경에는 완전한 채식에 대한 생경함이 자리 잡고 있다. 근데 꼭 완벽할 필요는 없다. 기후변화를 주제로 토론할 때도 마찬가지다. 완벽주의에 빠지면, 첫 스텝도 못 밟게 된다.

채식에도 '회색 채식'이 있다.

"세상에는 한 명의 완전 채식주의자보다 열 명의 불완전 채식주의자가 더 필요하다."[5]

---

4 조너선 사프란 포어. 송은주 역. (2020). 『우리가 날씨다(We Are the Weather: Saving the Planet)』. 민음사.
5 정진아. (2022). 『불완전 채식주의자-입맛과 신념 사이에서 써 내려간 비거니즘 지향기』. 허밍버드.

『불완전 채식주의자』의 저자 정진아의 메시지다. 불완전해도 세상을 바꿀 수 있다. 0과 1의 차이는 크다.

"지금 상황이 얼마나 절박한데, 고작 목소리 내길 주저하겠는가. 내가 완벽하지 않다는 게 목소리를 못 낼 이유는 되지 않는다고 생각한다."[6]

『두 번째 지구는 없다』의 저자 타일러 라쉬Tyler Rasch의 말이다. 그의 말대로 완벽하지 않아도 목소리를 낼 수 있다. 아니, 어떤 상황에서도 자기만의 목소리를 내야 한다.

그러면 뭐부터 하란 말인가. '과학이 기다려왔던 목소리'라는 극찬을 받은 과학자인 호프 자런Hope Jahren은 『나는 풍요로웠고, 지구는 달라졌다』[7]에서 다음의 방향을 제시한다.

1. 나의 가치관을 살펴본다.
2. 정보를 모은다.
3. 가치 체계에 합당하게 행동할 수 있을까?
4. 자신의 가치관에 합당하게 개인 투자를 할 수 있을까?

---

6   타일러 라쉬. (2020). 『두 번째 지구는 없다』. 알에이치코리아(RHK).
7   호프 자런. 김은령 역. (2020). 『나는 풍요로웠고, 지구는 달라졌다(The Story of More: How We Got to Climate Change and Where to Go from Here)』. 김영사.

5. 내가 속한 기관을 나의 가치 체계에 맞게 변화시킬 수 있을까?

 ESG적 생각

작은 실천부터 시작해 보면 어떨까. 사고의 전환, 그리고 식단 전환이 요구되는 시대다. 100% 기후미식이 아니어도 좋다. 불완전한 기후미식에도 눈을 돌려보자.

파타고니아,
'목적 기업'으로 가는 길

"우리는 우리의 터전, 지구를 되살리기 위해 사업을 합니다

(We're in business to save our home planet)."

아웃도어 의류 브랜드 파타고니아 매장에 들어서자마자 필자의
눈에 들어온 문구다. 그 아래 구체적인 비즈니스 지향점이 소개된
다. 강력한 내구성, 자연환경 보호, 기후위기를 막기 위한 싸움, 우
리 비즈니스에 대한 성찰, 지역사회를 위한 싸움까지.

자발적인 '지구세' 납부와 기업의 외형적 성장

매년 매출의 1%를 비영리 환경단체에 기부하는 회사답다. 파타

고니아에서는 이 1%를 '지구세Earth Tax'¹라고 명명한다. 희유하면서도 매혹적인 네이밍이다. 지구세 납부는 1980년대부터 이어온 전통이다. 이 회사는 이런 희소한 '자발적 납세'를 지속하면서 동시에 외형적 성장에도 성공했다.

파타고니아는 디자인, 가격, 유행보다 브랜드가 가진 고유의 철학을 강조한다. 무슨 패션에 철학 타령이냐고 반문하는 이가 있을지도 모르겠다. 그런데 실지로 이 기업에는 철학 담당 임원Director of Philosophy도 존재한다. 빈센트 스탠리Vincent Stanley가 그 주인공이다.

그는 파타고니아의 창업자인 이본 쉬나드Yvon Chouinard와 『리스판서블 컴퍼니 파타고니아The Responsible Company: What We've Learned from Patagonia's First 40 Years』²를 공저로 출간한 인물이기도 하다. 세계 최대 가전·정보기술 전시회 'CESConsumer Electronics Show 2023'에서 연사로 등장하기도 했다.

---

1   이본 쉬나드. 이영래 역. (2020). 『파타고니아, 파도가 칠 때는 서핑을(Let My People Go Surfing)』. 라이팅하우스.
2   이본 쉬나드·빈센트 스탠리. 장인형·박찬웅·심규태·양미경·조용노·최원호 역. (2013). 『리스판서블 컴퍼니 파타고니아(The Responsible Company: What We've Learned from Patagonia's First 40 Years)』. 틔움출판.

파타고니아가 생각하는 유일한 주주는 바로 '지구'

이들의 철학을 좀 더 들여다보자. 2022년 이본 쉬나드 회장은 '공개 기업going public', 즉 상장을 추진하기보다는 '목적 기업going purpose'이 되겠다는 의사를 피력했다. 상장하게 되면, 주주의 단기적인 이익을 극대화하는 데 골몰하게 될 공산이 크다. 하지만 목적 기업에게 '수익'은 수단일 뿐, '목적'은 사회적 가치 실현이다. 단순한 이윤 추구를 넘어서, 기업이 해결하고자 하는 사회적·환경적 목적을 중심에 두는 경영 철학을 지향한다.

이본 쉬나드는 "지구가 우리의 유일한 주주Earth is now our only shareholder"[3]라고 말했다. 지구라는 주주를 위한 행보를 걷는 데, 상장은 필수적인 절차가 아닌 것이다. IPO를 지상과제로 여기는 기업이 많은 우리에게 적이 낯선 광경이다. 목적purpose에 집중하자는 취지로 읽힌다.

3   Ethan Freedman. (2022). "Patagonia founder gives away the $3bn company to environmental causes: 'Earth is now our only shareholder'". The Independent, 9.15.

목적 기업의 조건

    더 나아가서 자신의 가족(이본 쉬나드 회장 부부 및 두 자녀)이 소유한 회사 지분 전체를 비영리재단Holdfast Collective과 신탁사Patagonia Purpose Trust에 넘긴다는 결정이 내려졌다. 약 30억 달러, 무려 4조 원이 넘는 액수다. '기부'의 범위를 훌쩍 넘어선 행위다. 회사 소유권 자체를 넘긴 결정이기 때문이다. 200억 원이 넘는 세금도 내야 하는 형국이다. 앞으로의 미래 수익(연 매출)도 환경보호를 위해 기부할 예정이다.

    《이코노미스트》의 언론인 오레 오군비이Ore Ogunbiyi는 앞으로 기업이 정치적, 사회적 문제에 '중립'을 지키는 것은 어려울 것이라고 일갈한 바 있다.[4] 투자자, 내부 직원, 소비자가 더욱 '액티비스트activist'의 성향을 띠게 되면서, 기업이 더욱 적극적으로 가치를 표현하고 수호해야 한다고 압박하고 있기 때문이다.

    파타고니아 홈페이지에는 크게 4가지의 카테고리가 존재한다. 그중 하나가 '액티비즘activism'인 것이 굉장히 인상적이다. 사회적, 환경적 변화를 이끌기 위해 적극적으로 '활동'하겠다는 의지의 표명이다.

---

4   Ore Ogunbiyi. (2022). "Companies are expected to take a stand on more social issues". The Economist, 11.18.

모든 기업이 파타고니아처럼 사고하고 행동할 수는 없다. 다만 꾸준한 활동 없이 현란한 수사만 요란하게 내세우며 ESG 모범 기업인 양 젠체하는 기업이 늘고 있는 지금, 파타고니아가 표상하는 정신의 일부에 대해서라도 함께 고민해 볼 필요가 있다. '선한 일'과 '지속가능한 비즈니스'의 양립이 가능하다는 것을 몸소 보여준 기업이니까.

그렇다면 다양한 규모와 산업의 기업들이 파타고니아의 사례에서 어떤 실용적 교훈을 얻을 수 있을까? 모든 기업이 지분을 환경재단에 기부할 필요는 없지만, 다음과 같은 단계적 접근을 고려해 볼 수 있다.

1. **목적 정의하기**: 수익 창출 외에 기업이 존재하는 사회적 이유를 명확히 정의한다.

2. **핵심 비즈니스와 연계**: 사회적 가치 창출 활동을 기업의 핵심 역량과 연계한다(파타고니아가 환경보호를 자신들의 비즈니스 모델과 연결하듯).

3. **투명성 확보**: 환경·사회적 영향에 대한 정직한 측정과 투명한 공개가 중요하다.

4. **내부 문화 조성**: 외부 커뮤니케이션뿐 아니라 내부 직원들이 공감하고 참여할 수 있는 문화 조성이 긴요하다.

5. **장기적 관점 유지**: 단기적 성과에 집착하지 않고 장기적 관점에서 가치 창

출을 추구한다.

 ESG적 생각

중요한 것은 '극단의 모방'이 아니라 '철학의 내면화'가 아닐까. ESG는
기술이 아니라 태도이며, 지속가능성은 숫자가 아닌 관점의 변화에서 시
작된다. 각 기업이 자신의 산업과 상황에 맞춰 진정성 있게 사회적 가치를
추구할 때, 비로소 파타고니아가 보여준 지속가능한 비즈니스의 가능성
이 현실이 될 것이다. 이본 쉬나드의 전언으로 글을 마치고자 한다.

"아무 일도 하지 않는 것은 악惡에게 지는 길입니다
(Evil always wins if we do nothing)."

공동 대응이나 집단자살이냐, 그것이 문제로다

"사느냐 죽느냐, 그것이 문제로다

(To be or not to be, that is the question)."

영국의 대문호 셰익스피어의 4대 비극 중 하나인 〈햄릿Hamlet〉에 나오는 그토록 유명한 이 문구를 새삼 읊조려본다.

기후위기 앞에 놓인 두 갈래 길

햄릿의 실존적 고민을 조금 다른 맥락에서 톺아보자. 이제 "공동 대응이냐 집단자살이냐, 그것이 문제로다"라는 말이 회자될지도 모르겠다. 안토니우 구테흐스Antonio Guterres 유엔 사무총장은 2022년

페터스베르크 기후회담에 보낸 영상 메시지에서 우리가 다자공동체로서 세계적인 기후위기에 제대로 대처하고 있지 못하다며, '공동 대응collective action'과 '집단자살collective suicide' 중 하나를 골라야 할 상황에 직면할 것이라고 엄중하게 경고했다.[1]

페터스베르크 기후회담은 독일 정부 주도 아래 기후변화를 의제로 개최되는 장관급 연례회담이다. 같은 해 11월에 이집트에서 열릴 예정인 유엔기후변화협약 당사국총회COP27를 준비하는 자리이기도 했다. 독일의 올라프 숄츠 총리, 이집트의 압델 파타 알시시 대통령 등 40여 개국의 리더가 운집했다. 무게감이 있는 무대인 것이다.

의원내각제 국가인 포르투갈에서 총리를 지냈고, 유럽이사회 의장과 유엔난민기구UNHCR 최고대표를 역임한 그가 이런 강도 높은 발언의 파장을 모를 리 없었을 터이다. 국회의원과 정당 대표 등 오랜 세월 정치인으로 살아온 그는 섬세한 메시지 관리의 중요성을 몸으로 체득한 인물이다. 그런데도 다소 과격하다고 볼 수 있는 문장을 사용한 이유는 무엇일까? 그만큼 기후위기의 심각성이 '레드라인'을 넘어섰다고 판단했기 때문일 것이다. 물론 '집단자살'이라는 표현은 충격적인 수사지만, 이는 국제사회가 이 문제를 더 이상

---

1   UN Press. (2022). Multilateral Efforts Needed to Reverse Climate Crisis, Secretary-General Says, Stressing Choice between 'Collective Action or Collective Suicide'.

미룰 수 없다는 절박함의 표현으로 이해해야 한다.

극한기후가 드러낸 시스템의 허점

2022년은 어떤 해였던가. 에어컨을 집에 설치한 가구 비중이 5%도 안 되는 '서늘한' 나라였던 영국마저 전례 없는 폭염에 고통을 겪었다. 17세기 중반에 여름 기온을 공식적으로 관측한 이래 최고치를 기록했다. 360여 년 만의 진기록이다. 40도가 넘는 기온으로 인해 철도 운행 속도도 제한되었다. 철로 온도가 60도를 상회하면서 철로의 변형이 야기되는 등 안전 문제가 불거졌기 때문이다. 항공편도 영향을 받았다. 영국 기상청은 당시의 된더위를 '극단적인 기온'으로 규정했다.

2022년 여름. 살인적인 폭서로 이베리아반도에서만 2,000명이 넘는 사망자가 나왔다. 폭염에 산불까지 덮쳐 유럽 전역이 이중고를 겪었다. 프랑스는 파리 면적의 갑절이 화마에 휩싸였다.

문제는 정치 및 정책 전문 매체 〈폴리티코POLITICO〉[2]의 지적대로 유럽 국가들이 이 지긋지긋한 더위에 대처할 준비가 충분히 되어 있

---

2   Karl Mathiesen, Zia Weise and Pieter Haeck. (2022). "Europe's not ready for a hotter world". POLITICO, 7.24.

지 않다는 것이다. '낯선' 기온 습격에 유럽은 무력하기만 했다. 예상하지 못한 위기가 곧 구조적 취약성을 드러냈다.

당시 미국 전체 주州의 과반에서 폭염주의보가 내려졌다. 서부 캘리포니아주에서는 산불로, 중동부 켄터키주에서는 홍수로 큰 피해를 보았다. 세계 도처에서 극한기후 현상extreme climate이 기승을 부렸다. 지금의 '복합재해complex hazards'는 국가적 재난에 다름 아니다.

ESG를 흔드는 회의론, 무엇이 문제인가

그 시점에 다른 한쪽에서는 이른바 'ESG 회의론', 'ESG 무용론'을 꺼내 들었다. 당시 ESG에 대한 '대항 담론'이 왕성하게 유통되었다. 속도를 조절해야 한다는 등의 온건한 반대부터, ESG의 개념과 취지가 태생적으로 한계를 갖고 있다는 식의 거친 공격까지 다양한 논거가 동원됐다. 주기적으로 반복되는 현상이다.

물론 ESG를 바라보는 생각의 차이는 존중되어야 마땅하다. 필자도 ESG를 지고의 선이라고 주장하고 싶은 마음은 없다. 부족한 점과 아쉬운 점이 왜 없겠는가. 다만 인플레이션과 고금리, 전쟁 등의 이유로 ESG 움직임이 일단 중단 혹은 유예되어야 한다는 단선적인 주장에는 고개를 끄덕이기가 어렵다. '집단자살'이라는 강도 높은 표현이 등장한 배경에는 그만큼 기후위기가 돌이킬 수 없는 경계선을 넘어서고 있다는 인식이 깔려 있다. 이 위기는 오히려 ESG의 생명력이 끝나지 않았음을 역설적으로 웅변하고 있다.

또 몇몇 그린워싱 사례를 열거하며 ESG의 폐기를 주창하는 것도 마뜩잖기는 마찬가지다. 실제로 국내에서도 일부 기업의 그린워싱이 사회적 논란을 일으킨 바 있다. 그러나 이는 ESG 전체를 부정할 근거가 되지 않는다.

그린워싱은 ESG를 보다 건설적으로 이끌어 가기 위한 과정에서 교정되고 비판받아야 할 문제점이다. 일종의 역작용이자 또 다른 의미에서는 자극제이기도 하다. 이것이 ESG 경영을 이행하지 말아야 할 이유가 되는 것은 난센스다. 특히 ESG의 역사가 일천한 우리 입장에서는 아직 시작도 제대로 하지 못했는데, 벌써 ESG가 무용하다는 역공에 휘둘리고 있으니 통탄스러울 따름이다. 그만 좀 흔들었으면!

ESG는 생존 전략이다

"공동 대응이냐 집단자살이냐"라는 안토니우 구테흐스의 발언 원문은 다음과 같다.

"We have a choice. Collective action or collective suicide. It is in our hands."

마지막 문장에 우리는 희망을 가져봐야 하지 않을까? 우리의 지구가 어떻게 될지는 '우리 손에 달렸으니It is in our hands' 말이다.

ESG는 '공동 대응'의 핵심축이 될 수 있다. 기업들이 온실가스 배출량을 측정하고 감축하는 환경(E) 목표를 설정하고, 공급망 전체에 지속가능한 관행을 확산시키며(S), 기후 리스크를 관리하는 거버넌스(G) 체계를 구축할 때, 우리는 구테흐스가 말한 '집단자살'의 경로에서 벗어날 수 있다.

한국 기업들도 이제 글로벌 ESG 흐름에 적극 동참해야 할 때이다. 대기업뿐만 아니라 중소기업까지 참여할 수 있는 현실적인 ESG 생태계를 구축하고, 단기적 비용 부담보다는 장기적 지속가능성에 초점을 맞추는 기업문화가 정착되어야 한다.

햄릿은, 아니 안토니우 구테흐스는 우리에게 존재론적 결단이 필요함을 이야기했다.

"공동 대응이냐 집단자살이냐, 그것이 문제로다."

ESG적 생각

우리의 선택은 분명하다. ESG는 단순한 경영 트렌드가 아닌, 인류의 생존과 번영을 위한 필수 전략이다. 우리가 망설이는 사이, 지구는 더 뜨거워지고 있다. 행동은 늦출 수 없다. 지금이 바로, 우리가 역사의 방향을 바꿀 수 있는 결정적 순간이다. 앞으로 우리가 나아갈 길은 더 많은 기업과 개인이 이 '공동 대응'에 동참하는 것뿐이다. 그 실천의 시작이 바로 지금, 우리 손에 달려 있다.

경기도의 ESG 여정,
행정 혁신의 리트머스 시험지

필자는 행정학 전공자로서 지방자치단체 차원의 ESG 행보를 유심히 들여다보고 있다. 이번 글에서는 경기도 이야기를 해보려고 한다. 경기도가 펼치는 ESG 행정 혁신의 서사는 단순한 제도 개편 이상의 의미를 지닌다.

오늘날 ESG라는 용어가 유행처럼 치솟았다 사라지리라는 우려 섞인 목소리도 있으나, 경기도의 행보는 ESG의 근본정신(사회적 책임, 환경보호, 투명 경영 등)이 단순 유행을 넘어 우리 시대의 지속가능한 미래를 위한 필수 조건임을 증명하고 있다. 물론 실행 과정에서 예상되는 행정적·재정적 도전도 함께 고려해야 할 것이다.

ESG 행정의 맥락에서 경기도는 주목할 만한 위치에 있다. 인구 1,370만 명으로 전국 인구의 약 27%가 거주하며, 다양한 업태의 기업이 활동하는 핵심 경제권역으로서, 경기도의 ESG 정책은 국가 전체에 미치는 파급력이 상당하다. 또한 도시와 농촌, 공업지대와 자연 보전지역이 공존하는 경기도의 지리적 특성상, 환경·사회·거버넌스의 균형 잡힌 접근이 더욱 요구된다.

ESG 전담 조직 구축과 선도적 행정체계의 확립

경기도는 광역지자체 중 최초로 ESG 전담국인 '사회혁신경제국'을 설치하며 선도적 발걸음을 내디뎠다. 경제부지사가 관할하는 사회혁신경제국 산하에는 사회혁신기획과, 베이비부머기회과, 사회적경제육성과, 공동체지원과가 있다. 이들 각 과는 사회혁신과 사회적 경제 활성화를 위한 중추적 역할을 맡고 있다. 민간 기업에 있을 법한 이름의 'ESG팀'은 사회혁신기획과에 편제되어 있다.

사회혁신경제국 또한 마찬가지로 경제부지사 산하 조직인 기후환경에너지국과는 별도의 조직으로 자리매김하고 있다. 기후환경에너지국에는 기후환경정책과, 기후환경관리과, 에너지산업과, 에너지관리과, 대기환경관리과, 환경보건안전과, 자원순환과, 산림녹지과, 정원산업과가 배치되어 있다.

특히 사회혁신기획과의 존재가 눈길을 끈다. 이들의 역할은 소셜벤처기업·사회적경제 종합계획 수립 및 시행, 사회적경제원 운영지원, 사회혁신공간 조성·운영, 기업 ESG 경영 지원, 사회투자펀드

육성, 사회적 금융 추진, 사회적경제기업 대출보증 지원, 사회혁신 경제 통합플랫폼 구축 등이다. 경기도가 앞으로 나아갈 지속가능한 사회의 청사진을 명확히 보여준다.

민관 협력과 도민 참여 : ESG 확산의 핵심 동력

경기도는 ESG 확산을 위해 다각도의 노력을 전개하고 있다. 도 차원에서 학자, 기업인, 시민단체 관계자 등으로 구성된 'ESG 정책 위원회'[1]를 운영하고 있으며, 이 위원회는 경기도의 ESG 정책 전반을 심의·자문하며, ESG 활성화를 지원하는 역할을 수행한다. 이러한 민관 협력 모델은 다양한 이해관계자의 참여를 통한 공공 가치 창출을 목표로 한다.

또한 2022년 경기도 탄소중립 도민추진단의 출범, 2024년 도민 숙의 공론장인 경기기후도민회의의 운영 등은 도민과 함께 협심해서 기후위기에 대응하고자 하는 의지를 반영한다. 이러한 제도들은 단순한 행정적 장치에 그치지 않는다. 기후변화와 사회혁신 이슈에

---

1   경기도 보도자료. (2024). "경기도, 광역지자체 최초 'ESG 정책위원회' 열고 ESG 확산 노력". 10.11. 그 외 경기도 홈페이지를 참고하였음.

도민의 참여와 의견을 적극적으로 유도하는 민관 협력의 플랫폼 성격을 지닌다.

2023년에는 강금실 전 법무부장관을 초대 기후대사로 위촉했다. 강 전 장관은 단순하게 전직 고위 관료 혹은 정치적 명망가로만 볼 수 없는 인물이다. 그는 저서 『지구를 위한 변론』을 통해 인류와 지구가 나아가야 할 방향을 모색하였으며, 법무법인의 ESG 센터를 이끄는 등 법조계에서도 ESG 경영과 사회적 책임의 중요성을 일깨워 왔다.

기후대사로서 강 전 장관은 탄소중립 정책 자문이라는 중책을 맡아, 경기도의 기후변화 대응 전략에 힘을 싣고 있다. 더불어 국제사회의 여러 지방정부와 경기도 간 기후정책을 공유하고, 난제를 함께 해결해 나가는 가교 역할을 수행한다. 그의 활동은 통상적인 정책 자문을 넘어, 지방자치단체가 기후변화라는 거대한 도전에 어떻게 응전할 수 있는지에 대한 간단치 않은 질문을 우리에게 던진다.

ESG 경영과 ESG 행정에는 분명 차이가 있어야 할 것이다. 기업들의 접근법에 비해, 지자체 차원의 ESG 정책은 보다 포괄적이며, 사회 전반에 걸친 신뢰와 참여를 담보하는 역할을 담당해야 한다. 설령 'ESG'라는 단어가 추후 다른 단어로 대체된다고 하더라도, 공동체와 환경의 지속가능성을 중시하고 투명한 공공 거버넌스를 지향하는 근본 가치는 급변하는 시대의 흐름 속에서도 꾸준히 빛날 것이다.

결국 ESG는 일시적인 유행이 아니라 우리 사회가 미래를 향해 나아가기 위한 필수적 가치 체계임을 경기도의 다층적인 노력이 증명한다. ESG 행정은 지방자치의 새로운 패러다임을 제시하며, 우리 시대의 사회혁신을 위한 중요한 이정표로 남을 것이다.

향후 과제와 발전 방향 : ESG 행정 고도화를 위한 여정

물론 경기도의 ESG 행정 혁신이 성공하기 위해서는 많은 과제가 남아 있다. 공공행정의 특수성을 감안해도 ESG 성과 측정을 위한 객관적 지표 개발이 시급하다. ESG 행정의 실질적 효과를 검증하고 개선 방향을 도출하기 위해서는 계량화된 평가체계가 필수적이다.

ESG 정책의 실효성을 뒷받침할 수 있는 법적·제도적 기반도 보다 공고하게 마련해야 한다. 행정조직 개편을 넘어서는 조례 제정과 예산 확보가 뒷받침되어야 할 것이며, 또한 도민과 도 소재 기업 및 기관의 실질적 참여를 촉진할 수 있는 인센티브 설계가 필요하다.

아울러 기초자치단체와의 ESG 정책 연계가 강화되어야 한다. 단체장의 소속 정당이 다르다는 현실적인 장벽이 있으나, 큰 틀에서는 광역지자체와 기초지자체 간 유기적인 협력체계를 구축하기 위해 머리를 맞대야 한다.

그 외에도 ESG 행정 전문인력 양성을 위한 체계적인 교육·훈련 프로그램의 도입, 공공부문의 ESG 행정이 민간 부문의 ESG 경영과 선순환 구조를 이루도록 하는 생태계 조성, 해외 지방정부와의 공동 정책 연구 등 추진해야 할 사안이 산적해 있다. 이런 과제들은 단기 간에 해결될 수 있는 것들이 아니다. 이를 하나씩 해결해 나가는 과 정 자체가 ESG 행정을 더욱 정교하고 고도화하는 길이 될 것이다.

 ESG적 생각

지난 몇 년 주요 대기업과 금융사는 ESG를 받아들이기 위해, 혹은 ESG 경영을 선도하기 위해 경쟁적으로 달려들었다. 이제부터는 각 지자체가 지역 특성에 맞는 ESG 행정 모델을 개발하고, ESG 고도화를 둘러싼 건 설적인 경쟁을 펼치며, 더 나아가 지자체 간 협력을 통해 ESG 행정의 새 로운 지평을 열어가길 기대한다.

그린워싱,
사기 연애와 비자금

　'그린워싱'은 주지하듯 녹색을 뜻하는 '그린green'과 눈가림 혹은 의도적인 겉꾸림을 의미하는 '화이트워싱whitewashing'이 합쳐진 말이다. 친환경적 가치를 대외적으로 떠들썩하게 내세우면서, 실상은 '겉'만 번드르르하게 치장했을 뿐 내용의 알맹이가 없거나 혹은 되레 '그린'에 역행하는 처사를 일삼는 위선적인 행태를 가리킨다.

　ESG가 기업 경영의 화두로 떠오르면서, 이에 대한 일종의 역작용이라고 할 수 있는 그린워싱 또한 적잖이 입길에 오르내리고 있다. 특히 최근 들어 대두되고 있는 이른바 'ESG 무용론' 혹은 '위기론'에 맞물려 '그린워싱 담론'이 다시 한번 수면 위로 오르는 모양새다.

그린워싱, 친환경의 가면을 쓴 기만행위

그린워싱의 뜻풀이를 곰곰이 살펴보면, 사실 아주 어려운 의미는 아니다. 그린인 '척' 하는 것, ESG 경영을 충실하게 이행하는 '척' 하는 것이니 말이다. 물론 '척'을 판단하는 기준이 모호하긴 하다. 일찍이 캐나다의 친환경 컨설팅사 테라초이스TerraChoice는 그린워싱을 7개로 분류해 정리한 바 있다.[1]

상충효과 감추기Hidden Trade-Off, 증거 불충분No Proof, 애매모호한 주장Vagueness, 허위 라벨 부착Worshiping False Labels, 관련성 없는 주장Irrelevance, 두 가지 악 중 덜한 것Lesser of Two Evils, 거짓말Fibbing이다.

위의 분류법이 조금 낯설게 느껴질 수 있으니 좀 더 손쉽게 비유를 해보자면, 그린워싱은 '사기 연애'와 근사近似하다. 상대에게 잘 보이기 위해서 화장을 조금 과도할지언정 진하게 할 수도 있고, 젠체하며 흰소리를 늘어놓을 수도 있으며, 키 높이 깔창으로 몇 cm라도 신장을 높이기 위해 애를 써볼 수도 있겠다. 이 정도는 사람에 따라 차이가 조금은 있을 수 있지만, 연애 과정에서 양해 가능한 귀여운 수준의 '척'이다.

---

1   〈The Seven Sins of Greenwashing〉 보고서. 테라초이스는 이후 UL(Underwriters Laboratories)에 인수되었다. 해당 보고서는 현재 UL Solutions에서 관리하고 있다.

그런데 의도적으로 나이와 직업을 속이거나 심지어 기혼 사실을 숨긴다면? 이는 '사기'에 다름 아니다. 그린워싱은 이해할 수 있는 범위 내의 '척'이라기보다는 '사기'에 가깝다. 실제로 타인의 신분을 도용한 후 미혼 행세를 하며 사기 연애를 일삼은 자에게 법원은 상대의 성적 자기결정권을 침해했고 정신적 고통을 안겼다고 판단한 바 있다.

'사기 연애'가 처벌을 받듯, 그린워싱도 경우에 따라 사법적, 행정적 제재를 받게 된다. 미국 증권거래위원회SEC, Securities and Exchange Commission가 ESG 투자지표를 부정확하게 기재한 BNY멜론은행에 150만 달러의 벌금[2]으로 그린워싱 철퇴령을 내렸던 것이 그 예이다.

그린워싱은 또한 '유부남의 비자금'으로도 비유할 수 있겠다. 제 아무리 치밀하게 비닉祕匿하려고 애를 써도, 결국 와이프의 삼엄한 레이더망에 포착되게 되어 있다. 어떤 기발한 비법을 동원해도 유부남들의 변칙적인 비자금 조성 시도는 무위에 그치는 경우가 태반이다.

결국 들키게 되어 있는 유부남의 비자금처럼, 그린워싱도 종국에는 발각되기 마련이다. 소비자, 미디어, 시민단체, 그리고 금융당국

---

2 Katanga Johnson. (2022). "BNY Mellon unit pays $1.5 million over ESG fund misstatements, SEC says". Reuters, 5.23.

을 비롯한 각종 규제기관 등 기업의 기만적인 친환경 어법에 비판
적인 시선을 견지하고 있는 그룹이 사회 곳곳에 포진되어 있다.

그린워싱의 실제 사례와 그 해악

비자금이 발각된 '이후'의 결과는 어떠한가? 그린워싱 또한 그
'후과後果'의 무게감이 점점 커지고 있다. 불매운동은 물론이고 점차
법률적 수단까지 동원되는 실정이다. 독일계 자산운용사인 DWS는
투자자를 오도했다는 혐의로 압수수색까지 당했으며, 결국 2,500만
유로(미화 약 2,700만 달러)의 벌금을 물게 되었다. 프랑크푸르트 검
찰은 조사 결과, DWS가 자사를 ESG 분야의 '선도자leader'로 내세우
거나 'ESG가 우리 DNA의 필수적인 부분ESG is an integral part of our DNA'
이라고 주장하면서 실제보다 과장된 시장 선도적 위치에 있다는 인
상을 대중에게 심어주었다고 밝혔다.[3]

미국 증권거래위원회는 그린워싱을 판별하기 위한 전담 부서까
지 신설했다. 이는 그린워싱의 위험성과 영향력이 가공할 만큼 커

---

3   Mark Segal. (2025). "Deutsche Bank's DWS Fined $27 Million for Greenwashing". ESG
    Today, 4.2.

졌으며, 이를 차단하고 폐해를 줄여야 한다는 공감대가 형성된 것으로 볼 수 있다.

그린워싱의 악영향은 단순히 소비자를 속이는 차원을 넘어선다. 첫째, 진정으로 ESG 가치를 추구하는 기업들의 경쟁력을 훼손한다. 실제로 친환경 투자를 위해 추가 비용을 감수하는 기업들이 그린워싱 기업들과 동일한 평가를 받게 되면 ESG 경영의 동기가 약화될 수밖에 없다. 둘째, 투자자와 소비자의 ESG에 대한 신뢰도를 저하한다. 그린워싱 스캔들이 반복될수록 'ESG는 결국 마케팅 수단에 불과하다'라는 회의론이 확산하기 쉽다. 셋째, 궁극적으로 기후변화 대응과 같은 시급한 환경 문제 해결을 지연한다.

지속가능한 미래를 위한 그린워싱 대응 전략

그린워싱은 ESG 가치가 확산하는 과정에서 만나게 되는 티끌 정도가 아니라, ESG의 본 의미를 퇴색시키는 암초가 됐다. 그러다 보니 ESG에 회의적인 측면에서는 ESG 전체에 대한 비판의 표적이 되고 있다. 사기 연애와 비자금. 그린워싱을 어떤 것에 비유하든 그 결말은 방불할 터이다. 그린워싱에 대한 관점이 달라져야 한다.

그린워싱에 대한 새로운 관점이란 무엇일까? 그것은 그린워싱을 단순히 기업의 '부도덕한 행위'로만 볼 것이 아니라, ESG 생태계 전체가 해결해야 할 구조적 과제로 인식하는 것이다. 기업의 ESG 성과를 정확히 측정하고 평가할 수 있는 표준화된 지표와 검증 체계가 필요하다. 또한 소비자와 투자자는 기업의 친환경 주장을 더 깊이 검증할 수 있는 정보 리터러시를 갖추어야 한다.

기업들은 ESG 활동을 홍보 수단이 아닌 본질적 경영 전략으로 접근해야 한다. 아무리 훌륭한 마케팅으로 포장해도 실체가 없다면 결국 발각될 수밖에 없다. 투자자들은 ESG 펀드나 상품을 선택할 때 해당 기업의 구체적인 성과 지표와 장기적 전략을 확인해야 한다. 소비자들은 '친환경' 라벨만 보고 구매할 것이 아니라, 제품의 전체 생애주기와 기업의 실질적인 환경 영향을 고려한 소비 결정을 내려야 할 것이다.

'그린워싱'이라는 영화의 출연진과 장르가 바뀌고 있다

'본사 압수수색', '벌금 부과', '소송', '금융지원 중단'.

외신에서 '그린워싱'이라는 테마 뒤에 동원한 표현들이다. 단어의 무게감이 남다르다. 아직도 그린워싱을 도덕적 훈계의 영역으로 안일하게 생각하고 있다면, 이는 단견의 소치다. 그린워싱은 윤리적으로 그릇된 행위이기 때문에 비판받는 단계를 일찍이 넘어섰다.

얼마 전만 해도 그린워싱을 주제로 한 글에서 가장 많이 추출된 키워드 중 하나는 '불매운동'이었다. 물론 소비자의 자발적 규합을 통한 대對기업 압박은 가공할 위력을 지닌다. 기업 입장에서는 '여론'에 맞선다는 것은 여간 부담스러운 일이 아니기 때문이다. 한데 이제 그 부담과 압박의 방정식이 더욱 복잡하고 어려워졌다. 법적 심판이 더해졌으니 말이다.

그린워싱은 옳지 못한 행위니까 비판받아 마땅하다는 공허한 주장은 사실상 동어반복에 불과하다. 그린워싱이 기실 투자자의 건전하고 합리적인 판단을 오도誤導할 수 있기 때문에 경계령이 내려진 것이다. 말 그대로 '그릇된誤 길導'로 이끌 공산이 크다는 의미다. 정교하고 치밀한 분석 아래 진행되어야 하는 투자 행위에 악영향을 끼친다는 것이 핵심이다. 이는 곧바로 재무적 손실을 가져오며, 무고한 다수의 투자자가 겪는 극심한 경제적·정서적 고통이 결말로 따라온다.

특정 펀드의 정보 일부를 잘못 기재하거나 아예 누락해 버리는 경우, 선의의 투자자는 이 불완전한 정보를 믿고 돈과 시간을 허비하게 될 수 있다. 혹은 어떤 금융회사가 ESG 투자를 한다고 대내외적으로 떠들썩하게 공표하고, 그에 대한 반대급부로 낮은 조달금리 등 유무형의 제도적 혜택을 향유하기만 한다면? 이 과정에서도 피해자가 속출하기 마련이다. 간교한 '모방 범죄'를 통해 업계 전체가 혼탁해지는 것은 물론이고, 개인 투자자는 개인대로, 기관 투자자는 기관대로 생채기가 난다.

그린워싱에 대응하는 무게의 추가 불매운동과 같은 시민사회에서 발아된 저항적 캠페인에서 금융감독기관이 법적 수단을 강구하는 행정적 규제로 옮겨가고 있다. 환경단체나 소비자단체가 자주 언급되던 그린워싱과 관련한 기사에 미국 증권거래위원회SEC, 독일 연방금융감독청BaFin 등이 등장하고 있는 것은 시사하는 바가 크다. '그린워싱'이라는 영화의 주연과 조연이 교체되었고, 심지어 장르도 바뀐 것이다.

바야흐로 그린워싱의 폐해를 줄이기 위해서 중지를 모아야 하는 시점이다. 먼저 그린워싱의 기준을 보다 명확히 할 필요가 있다. 척도와 준거가 단단하게 확립되어야, 이전과 비교해 개선 여부를 체크할 수 있고, 비판이든 상찬이든 일관된 기준 아래 이뤄질 수 있다. 국가 및 지역별, 산업별, 분야별 세분화를 통한 기준 업데이트가 시급하다.

또한 체계적인 데이터 관리가 필수적이다. 그린워싱은 '모호함'을 숙주로 삼기 때문에, 정량적인 데이터 축적이 중요하다. 마지막으로 '전부 아니면 전무All or Nothing'라는 도그마에서 탈피해야 한다. '모든'과 같은 수식어의 남발은 늘 반례 및 허점의 발견과 그에 따른 반론 제기의 위험성을 배태한다. '제로Zero', '노No' 등의 접두어 사용도 마찬가지다. '저감'과 같은 비교급이 더 현실적이고 의미 있는 접근일 수 있다.

 ESG적 생각

그린워싱은 ESG의 성장통이자, 더 성숙한 지속가능경영으로 나아가기 위해 모두가 넘어야 할 과제이다. 진정한 ESG 가치 실현은 기업의 투명한 정보 공개, 정부의 적절한 규제, 그리고 소비자와 투자자의 현명한 선택이 조화를 이룰 때 비로소 가능할 것이다. 분별없는 그린워싱 때문에 ESG 자체가 '누아르'가 되지 않기를 바란다.

서울대학교 ESG 보고서의 존재 의의

서울대학교 지속가능발전연구소 웹페이지에는 '서울대학교 ESG 보고서(이하 보고서)'[1]가 올라와 있다. 대기업이나 금융사의 ESG 보고서야 누구나 쉽게 찾아볼 수 있는데, 대학교 차원의 ESG 활동을 보고서 형태로 발간한 것은 굉장히 이례적이다. 국내 대학 중에서는 사실상 선구적인 시도라 할 수 있다.

대학교의 ESG를 들여다본다는 것

사실 대학교도 그 자체로 어마어마한 규모의 인력과 조직, 시설

---

[1] 이 글은 '2022 서울대학교 ESG 보고서(2024년 2월 발간)'에 토대를 두고 작성됐다.

등으로 구성된 대형 기관이고, 학교 내외의 다양한 이해관계자와 상시로 긴밀하게 소통해야 하는 특성이 있다. 대학은 ESG 각 영역에 다음과 같이 중요한 영향을 미친다.

- **환경(E):** 캠퍼스 에너지 소비, 폐기물 발생, 온실가스 배출 등 대규모 환경 영향
- **사회(S):** 교육 기회 제공, 다양성과 포용성, 지역사회 기여 등 사회적 가치 창출
- **지배구조(G):** 의사결정 투명성, 재정 건전성, 대학 운영 시스템의 효율성과 책임성

기업 ESG 보고서가 주로 투자자와 소비자에게 초점을 맞추는 반면, 대학 ESG 보고서는 학생, 교수, 직원, 지역사회, 정부 등 더 다양한 이해관계자를 고려한다는 점에서 독특한 가치를 지닌다.

대학이 E, S, G 각 영역에 끼치는 영향이 큰데도, 그간 이에 대한 정제된 보고가 적절하게 이뤄지지 못했다. 이런 맥락에서 서울대학교 ESG 보고서는 서울대학교 구성원뿐 아니라 다른 대학에도 시사하는 바가 크다.

보고서 목차는 크게 8개로 나뉜다. ① 복지와 건강, ② 교육, ③ 인권과 성평등, ④ 에너지와 기후변화, ⑤ 자원·폐기물·생태계, ⑥ 문

화·교통·주거, ⑦ 노동과 산학연, ⑧ 대외협력과 정책 기여 순이다. 보고서의 ESG 평가 프레임은 '부문–목표–지표'의 3단 체계로 구성된다. 위의 목차가 곧 부문(대분류)이 되고, 유엔 지속가능발전목표를 차용한 목표가 존재하며, 목표별 보고 지표가 기재되는 구조다.

그 아래에 지표의 의의, 선정 배경, 서울대학교의 정책과 현황 등 지표에 대한 개요가 서술되고, 연도별 통계량을 함께 확인할 수 있다. 추가로 지표 변화의 추세에 대한 해설, 전망 등도 부연 설명된다. 단순한 통계 나열을 넘어 ESG 실행의 실질적 방향성과 과제를 동시에 조망할 수 있도록 구성했다.

ESG 목표와 지표 선정에 깃든 고민

몇 개 예를 들어보자. 복지와 건강 부문에서 유엔 지속가능발전목표 중 '모든 곳에서 모든 형태의 빈곤 종식No Poverty'을 선정한 후, 서울대학교 ESG 목표로 '저소득층 학생을 위한 재정 지원'을 잡는다. 지표는 '저소득층 학생 등록금 대비 장학금 수혜율'이다. 2022년 저소득층 학생 등록금 대비 장학금 수혜율은 146.9%이다. 2019년에는 134.7%였다.

인권과 성평등 부문도 흥미롭다. '성평등 달성과 모든 여성 및 여아의 권익 신장Gender Equality' 목표에서 서울대학교 ESG 목표로 '성차별 철폐'를 적시했다. 학부 재적생 중 여성의 비율은 2019년부터 2022년까지 4년간 36%대를 유지하고 있다. 대학원 재적생 중 여성의 비율은 2019년(45.2%)부터 2022년(48.8%)까지 매년 증가 추세다. 대학원생 중 여성의 비율을 확인하는 것은 여성의 참여와 리더십, 일·육아와 학업의 병행 등 학부생 데이터와는 또 다른 의미를 지닌다.

그 외에도 전임교원 중 여성의 비율 변화를 기재했고, 더 나아가서 보직교수 중 여성의 비율 또한 공개했다. 두 지표 모두 증가 추세를 보인다. 이는 대학 사회에서 주요한 의사결정에 여성의 역할과 권한이 확대되고 있음을 웅변해 주고 있다(물론 아직 갈 길이 멀다는 것을 잘 알고 있다).

에너지와 기후변화 부문에서는 '모두를 위한 적정가격의, 신뢰할 수 있고 지속가능하며 현대적인 에너지에 대한 접근 보장Affordable and Clean Energy'을 목표로 설정하고, '에너지 소비 효율화'를 서울대학교 ESG 목표로 상정했다.

지표 선정에 깃든 고민도 읽힌다. 먼저 에너지 소비량 추이를 밝히고, 단순히 에너지 소비의 '총량'에만 주목하는 것은 한계가 있다는 점을 고려해 '연구비 대비 에너지 소비량', '논문 실적 대비 에너지 소비량', '특허출원 건수 대비 에너지 소비량' 등의 지표를 다각도로 체크한다.

직접배출(가스, 유류 등에 의한 온실가스 배출량)과 간접배출(전력, 열 등에 의한 온실가스 배출량)로 나눠 관악캠퍼스, 연건캠퍼스, 평창캠퍼스, 시스템면역의학연구소, 시흥캠퍼스 등 캠퍼스별 온실가스 배출량도 공시했다.

노동과 산학연 파트에서는 '포용적이고 지속가능한 경제성장, 완전하고 생산적인 고용과 모두를 위한 양질의 일자리 증진Decent Work and Economic Growth'이라는 기치 아래 정규직 비율, 육아휴직 인원, 산업재해율 등의 추이를 기록하고 있다. 지속가능한 재정 확충을 위해 자체 재원 세입액과 발전기금 모금액도 공개했다.

캠퍼스도 ESG 보고의 주체…
여타 대학으로 ESG 보고서 발간 확대돼야

"캠퍼스 곳곳에 ESG가 묻어나도록 노력하겠습니다."

서울대학교 ESG 보고서 집필진이 밝힌 포부다. ESG가 비단 서울대학교 캠퍼스에서만 묻어나면 되겠는가. 각 대학교에 지속가능경영을 연구하는 우수한 자원이 여럿 있을 터이다. 학내 연구진과 교외 전문가들이 중지를 모아 서울대학교처럼 각 학교의 특성에 맞는

ESG 보고서를 발간해 보면 좋겠다.

대학 ESG 보고서 발간을 위한 구체적인 방안으로는 다음과 같은 접근이 가능할 것이다.

1) **학내 ESG 위원회 구성**: 교수, 직원, 학생 대표가 참여하는 전담 조직 마련
2) **대학별 특성화된 ESG 지표 개발**: 연구중심대학, 교육중심대학 등 대학 유형별 맞춤형 지표
3) **이해관계자 참여 확대**: 보고서 작성 과정에 학생, 지역사회, 산업계 의견 적극 반영
4) **대학 간 ESG 벤치마킹**: 대학 ESG 성과 비교 및 우수사례 공유 네트워크 구축

🍎 ESG적 생각

보고서 발간 과정에서 학교의 ESG 활동을 성찰적으로 복기할 수 있을 것이고, 발전적인 개선책을 마련하는 계기가 될 수도 있을 것이다. 한계를 인정하고 개선 목표를 설정하는 과정 자체가 ESG 보고의 진정한 가치라 할 수 있다. ESG 보고를 적극적으로 하는 '지식의 전당'이 더욱 증가하길 바란다.

인권 문제가 된 기후위기,
이제 ESG는?

"기후위기는 생명권, 식량권, 건강권, 주거권 등 인권에 직간접적으로 광범위한 영향을 미치므로, 정부는 기후위기 상황에서 모든 사람의 인권을 보호·증진하는 것을 국가의 기본 의무로 인식하고, 기후위기를 인권 관점에서 접근하고 대응할 수 있도록 관련 법령 및 제도를 개선하여야 한다."[1]

국가인권위원회(이하 '인권위')가 2022년 12월 30일 표명한 메시지다. 정부가 기후위기로부터 인권을 보호하고 증진하는 것을 기본 의무로 인식해야 한다는 것이 골자이다. 기후위기 취약계층을 유형화하고, 2030 국가 온실가스 감축목표NDC를 상향 설정할 필요가 있

---

[1] 국가인권위원회 웹진 〈인권〉 2023년 2월호.

일하는 사람을 위한 ESG적 생각

다는 의견도 덧붙였다. 인권위가 기후위기와 인권 문제에 관해 공식적인 의견을 표명한 것은 처음이었다.

인권위의 발표가 구속력이 있는지 없는지를 떠나, 인권의 보호와 향상을 위한 업무를 수행하는 인권 전담 국가기관에서 기후위기를 인권의 렌즈로 들여다봐야 한다고 공언했다는 것은 남다른 의미를 가진다. 정부 부처의 정책 결정에 다각도로 영향을 끼칠 수 있고, 기업과 학계 및 시민사회에도 적지 않은 고민을 안겨주기 때문이다.

그동안 우리는 '기후위기=환경 문제'라는 기계적인 도식에 빠져 있었다. 그러다 보니 기후위기에 대한 대응도 환경 문제를 다루는 문법에서 크게 벗어나지 못했다. 사실 인권과 환경을 교집합이 없는 전혀 다른 별개의 영역으로 구획해 왔던 것 자체부터 문제였는지 모른다.

기후위기를 인권의 맥락으로 살펴보게 되면, 문제 인식부터 해법 모색까지 논의의 축이 달라진다. 기후위기와 떼려야 뗄 수 없는 ESG도 마찬가지다. 사고의 무게중심이 바뀌는 것이다.

기후위기 경시 기업의 이중 낙인

이제 기후위기를 둘러싼 문제를 경시하는 기업이 있다면, 그 기업에는 반反환경적일 뿐 아니라 반反인권적이라는 명예롭지 못한 꼬리표가 따라붙을 것이다. 역풍의 강도가 세지는 것은 덤이고, 그린 위싱의 '사회적 형량'도 올라갈 터이다. '위장환경주의' 정도의 의미를 지녔을 때와 인권에 해를 가한다는 날카로운 비판까지 더했을 때를 비교해 보자. 죄질이 훨씬 더 나빠지고, 중죄에 처할 공산이 더 커지는 것은 필연적 귀결이다.

제목부터 섬뜩한 『2050 거주불능 지구』의 저자 데이비드 월러스 웰즈David Wallace-Wells는 최근 벌어지는 각종 재난이 다가올 미래에 나타날 재난에 비하면 '최상의 시나리오'라고 봐도 무방하다고 주장했다.[2] 그만큼 앞으로의 상황이 더 심각하다는 뜻이다. 그는 또한 일상 자체가 종말을 맞이할 수 있다고도 경고했다. 지금도 우리는 크고 작은 재난으로 환경적 비애environmental grief와 기후 불안증climate anxiety에 빠지곤 하는데, 이 정도가 상대적으로 최상의 시나리오에 속한다니. 불안함이 배가된다.

---

2 데이비드 월러스 웰즈. 김재경 역. (2020). 『2050 거주불능 지구 - 한계치를 넘어 종말로 치닫는 21세기 기후재난 시나리오(The Uninhabitable Earth: Life After Warming)』. 추수밭.

새 시대의 ESG 전략, 기후인권을 중심으로

유엔 기후변화 특사와 유엔 인권고등판무관 등을 역임한 메리 로빈슨Mary Robinson 전 아일랜드 대통령은 "기후변화와의 싸움은 기본적으로 인권 문제"라고 말한 바 있다.[3] 이 싸움의 링 위에 담담히 서야 하는 ESG 부서의 담당자들은 기후위기를 바라보는 인식의 틀을 재점검해야 한다.

인권을 ESG 중 S(사회)의 하위요소로 보던 구래의 시각을 교정하고, 기후위기를 인권의 관점에서 재해석해야 할 것이다. 환경공학과 경영학의 정량적인 분석 기법뿐 아니라 윤리학과 사회학의 세계관도 요구된다.

🍎 ESG적 생각

변화에 대응하기 위해 정부는 기후 취약계층 보호를 위한 사회안전망 강화와 기후 정의 기금 조성을, 기업은 탄소 감축과 취약계층 인권영향평가를 통합한 ESG 프레임워크 도입을 적극 검토해야 한다. 특히 여러 종류의 새로운 무역장벽이 등장하는 상황에서, 기후위기와 인권의 통합적 접근은 기업의 경쟁력 유지를 위한 필수 전략이 되고 있다. 새로운 싸움이 시작됐다.

---

3   메리 로빈슨. 서민아 역. (2020). 『기후정의(Climate Justice)』. 필로소픽.

육肉의 재정의: 대체육이 그리는
지속가능한 식문화의 미래

대체육이 주목을 받고 있다. 단어에 '육肉'이 들어가니 고기인 것 같기도 하고, 고기를 '대체'한다고 하니 고기가 아닌 것 같기도 하다. 그러면서도 고기 특유의 맛과 향을 갖고 있다. 고기 같지만 고기는 아닌, 새로운 식품 범주로서의 존재다. 아무렴 어떠한가. 고기가 맞는지 아닌지에 대한 일차원적인 논의는 잠시 제쳐 두자.

미국 시장조사업체 CFRA는 글로벌 대체육 시장이 2018년 약 22조 원 규모에서 오는 2030년에는 무려 116조 원대로 폭발적인 성장을 이어갈 것으로 전망했다. 한국무역협회에 따르면, 2040년에 세계 육류시장에서 대체육이 차지하는 비중은 약 60%에 달할 것으로 보인다.[1]

글로벌 식품 기업들이 주목하는 대체육 혁신

'정크푸드'라는 오명에서 자유롭지 못한 패스트푸드 체인도 대체육의 잠재력에 눈을 돌리고 있다. 맥도날드는 소고기가 아닌 쌀, 감자, 완두콩 등으로 만든 패티가 들어간 맥플랜트McPlant 버거를 선보였다. 영국, 스웨덴, 덴마크 등 유럽 일부 국가에서 시범 판매하던 것을 2021년 하반기에 캘리포니아, 텍사스 등 미국으로 영역을 확대했다. 유튜브에는 생각했던 것보다 훨씬 맛있다는 반응부터 아직 햄버거 본연의 맛을 느끼기에는 부족하다는 반응까지 맥플랜트 버거를 먹어본 다양한 후기 동영상이 연일 올라오고 있다.

맥도날드의 맥플랜트 버거 출시는 혼자만의 힘으로 이뤄낸 것이 아니다. '비욘드 미트Beyond Meat'와의 협업으로 식물성 버거가 탄생할 수 있었다. 회사의 이름에서 유추할 수 있듯 '비욘드 미트'는 세계에서 가장 영향력이 큰 대체육 전문 기업이다.

2009년 설립된 비욘드 미트는 마이크로소프트 창업자 빌 게이츠, 구글의 공동 창업자 세르게이 브린, 에코브리티Eco+Celebrity(친환경을 의미하는 Eco와 유명인을 의미하는 Celebrity를 합친 단어로, 환경보호, 친환

---

1   김보경. (2021). 대체 단백질 식품 트렌드와 시사점: 푸드테크가 여는 새로운 미래. 트레이드 포커스(Trade Focus), 16호. 한국무역협회 국제무역통상연구원이 발간한 리포트이다.

경에 관심을 보이고 실천하는 연예인을 가리킨다)인 영화배우 리어나도 디캐프리오 등이 투자를 했다는 소식으로 유명세를 치르기도 했다. 2019년에는 나스닥 상장에도 성공했다. 빌 게이츠는 비욘드 미트 제품을 먹어본 후 "육류 대용품이 아닌 음식의 미래를 경험했다."[2]라는 후기를 남겼다.

버거킹은 맥도날드보다 더 빨리 비욘드 미트의 경쟁사인 임파서블 푸드Impossible Foods와 손잡고 채식주의자들의 취향을 고려한 '임파서블 와퍼'를 내놓은 바 있다. 닭고기를 포함하지 않은 식물성 너겟을 개발하기도 했다. 대두에서 추출한 단백질과 해바라기 기름이 주재료이다.

스탠퍼드대학 생화학과 교수였던 패트릭 브라운이 설립한 임파서블 푸드의 식물성 햄버거는 세계 최대 IT·가전 전시회 CESConsumer Electronics Show에서 '탑 테크Top Tech'로 선정되기도 했다.[3] 대체육은 식문화를 넘어서서 첨단기술의 영역으로 진화하고 있다.

현재 대체육 기술은 크게 세 가지 유형으로 분류할 수 있다.

첫째, 식물성 단백질(콩, 완두, 밀 등)을 활용한 '식물성 대체육'으

2 허미담. (2021). "빌 게이츠 홀린 '식물성 고기'…美 '비욘드 미트' 인기 비결은". 아시아경제, 4.28.
3 Davide Banis. (2019). "The New Impossible Burger 2.0 Won Everyone's Mouth at CES 2019, But That's Just The Beginning". Forbes, 1.11

로 현재 시장의 주류를 이루고 있다. 둘째, 동물 세포를 배양해 실제 고기 조직을 만들어 내는 '배양육'으로, 일부 국가에서는 이미 상용화가 시작되었다. 셋째, 미생물 발효를 통해 단백질을 생산하는 '발효 기반 단백질'로, 자원 효율성 측면에서 큰 주목을 받고 있다. 각 기술은 고유의 장단점을 가지고 있으며, 기술 발전에 따라 환경 영향과 경제성이 지속적으로 개선되고 있다.

이러한 기술적 발전에도 불구하고, 대체육의 가격 경쟁력은 여전히 중요한 과제로 남아 있다. 식물성 대체육과 일반 육류 사이의 가격 격차를 줄이기 위해서는 규모의 경제 달성, 원재료 다양화, 생산 공정 최적화가 필요하며, 각국 정부의 친환경 식품에 대한 세제 혜택이나 보조금 지원도 중요한 역할을 할 수 있다.

지구를 살리는 한 입

ESG 관점에서 대체육 산업은 매우 중요한 의미를 갖는다. 온실가스 감축 효과만 있는 것이 아니라, 소고기 생산에 비해 식물성 대체육 생산의 경우 훨씬 적은 양의 물이 요구된다. 토지 사용 효율성 또한 높아 토지 황폐화와 삼림 벌채 감소에 기여한다. 식량안보 강화와 지역 간 영양 불평등 해소에 기여할 잠재력도 있다.

그러나 기업의 사회적 책임CSR 관점에서 주의해야 할 점도 있다.

일부 대체육 기업들은 환경적 효과를 과장하는 그린워싱Greenwashing 리스크에 노출되어 있다. 실제 전 과정 평가LCA, Life Cycle Assessment를 통해 확인된 환경 영향과 마케팅 메시지 사이의 괴리가 발생할 수 있기 때문이다. 또한 대체육 제품의 영양학적 측면에서도 지나친 가공과 나트륨 함량에 대한 우려가 제기되고 있어, 기업들은 이에 대한 투명한 정보 공개와 지속적인 개선 노력이 필요하다.

고기인 듯 고기 아닌 고기 같은 대체육이 우리의 입맛을 완전히 사로잡을 수 있을까? 지금 이 순간에도 고기의 고유한 식감, 육즙, 심지어 색깔까지 완벽하게 재현해 내기 위한 기술이 빠른 속도로 발전하고 있다.

사실 대체육 시장의 성장세를 낙관적으로 보는 이유는 비단 '맛' 때문만은 아니다. 유엔식량농업기구FAO의 조사에 따르면, 지구 온실가스 배출량의 약 16.5%가 축산업을 통해 배출된다.[4] 앞으로 탄소 발자국이 적은 방향으로 소비하는 트렌드가 더욱 확산할 터라, 사육과 도축 등으로 탄소 발생량을 늘리는 기존 방식보다는 대체육을 통한 친환경 식문화에 더욱 힘이 실릴 것이다.

동물복지의 측면에서도 대체육의 존재 가치는 무시할 수 없다.

---

4   남혜정. (2020). "온실가스 17% 축산업서 배출… '대체육'으로 환경 오염 줄인다 [연중기획 – 지구의 미래]". 세계일보, 3.28.

채식주의자의 수 또한 증가세다. 아울러 이슬람 문화권과 중국 시장까지 고려하면, 성장 잠재력은 무궁무진하다.

새로운 식품 패러다임을 향하여

대체육 산업의 성장은 경제적 파급효과도 상당하다. 기존 축산업 일자리의 감소가 우려되지만, 대체육 생산 과정에서 바이오테크, 식품 공학, 지속가능 공급망 관리 등 새로운 고부가가치 일자리가 창출될 것이다. 또한 축산업 의존도가 높은 개발도상국들에는 새로운 산업 구조로의 전환 기회가 될 수 있다.

이러한 전환 과정에서 기존 가치사슬 내 이해관계자들과의 갈등 관리는 중요한 과제가 될 것이다. 특히 축산업계는 대체육의 성장을 우려하는 목소리를 내고 있다. 축산단체들은 대체육 표시 규정 강화를 요구하며, '고기', '육류', '미트Meat' 등의 용어 사용에 제한을 둘 것을 주장하고 있다. 대체육 기업들은 기존 축산농가와의 상생 방안, 예를 들어 사료작물 재배에서 대체육 원료 작물 재배로의 전환 지원 프로그램이나 기술 공유를 통한 공동 발전 방안을 모색할 필요가 있다.

대체육이 넘어야 할 장벽은 한둘이 아니다. 문화적 수용성 측면에서 육류 중심의 식문화가 강한 국가들에서는 대체육에 대한 소비자 저항이 클 수 있다. 식품 안전성과 규제 측면에서도 새로운 식품군에 대한 국가별 승인 절차와 표시 기준의 차이로 인한 글로벌 확산에 제동이 걸릴 가능성도 있다.

그럼에도 건강, 맛, 사회적 메시지까지 모두 놓치지 않으려는 대체육의 잠재력에 기대를 걸어본다. 이제 단순히 대체육을 한 번 먹어보는 것을 넘어, 모두가 지속가능한 식문화 전환의 주체가 되어야 할 때다. 소비자로서는 주 1회 '미트리스 먼데이Meatless Monday'에 참여하거나, 투자자로서는 대체육 스타트업의 동향을 주시하고, 기업과 정부는 연구개발 지원과 친환경 식품 선택을 장려하는 제도적 기반을 마련해야 한다.

 ESG적 생각

대체육은 단순한 식품 트렌드가 아닌, 우리 사회의 지속가능성을 재정의하는 혁신적 전환점이다. 기후위기, 자원 부족, 영양 불평등이라는 글로벌 과제에 대응하는 솔루션으로서, 대체육의 성공은 단순히 한 산업의 성장을 넘어 인류의 생존과 번영을 위한 필수 과제가 되고 있다. 과학기술의 발전, 소비자 인식의 변화, 그리고 정책적 지원이 결합한다면, 대체육은 2030년대 식품 시스템의 패러다임을 완전히 바꿀 것이다. 이제 모두가 이 역사적 전환의 증인이자 주체가 될 차례다.

지속가능경영의 새로운 축, CSO의 전략적 위상과 역할

2023년 현대해상은 업계 최초로 CSOChief Sustainability Officer(최고지속가능책임자)를 신설했다. CSO는 지속가능한 성장과 미래 경쟁력 강화를 위한 책임을 맡는다는 것이 회사 측의 설명이다. 비영리 사단법인 루트임팩트와 임팩트 전문 투자사 에이치지이니셔티브HGI를 이끌었던 정경선 씨가 현대해상 CSO 직을 맡게 됐다.

'S'의 의미를 두고 벌이는 치열한 경쟁

CFO(최고재무책임자)도 아니고, CTO(최고기술책임자)도 아니고, CMO(최고마케팅책임자)도 아닌, CSO는 아직 낮설게 들릴 수 있다. CSO는 때때로 최고전략책임자Chief Strategy Officer, 최고안전책임자

Chief Safety Officer로 불리기도 한다. CSO 자체도 아직 생경한데, 'S'의 의미를 두고 무려 '전략', '안전'과 경쟁해야 하는 형국이다.

최근 들어 ESG라는 개념과 용어에 대해서는 여러 의견이 제기되고 있긴 하나, 지속가능성Sustainability의 중요성은 그 무게감을 잃지 않고 있다. 지속가능성을 정면으로 내세운 직책인 CSO를 가벼이 볼 수 없는 이유다.

전 세계적으로는 CSO가 존재감을 서서히 키우고 있는데, 국내에서는 아직 그 위상 정립이 단단하게 이뤄지지 못한 것으로 보인다. 그럼에도 지속가능경영의 파고 속에서 CSO의 필요성이 언제든 대두할 수 있기에, 회사의 전체적인 조직과 직책의 밑그림을 그려야 하는 HR이나 기획 담당자들은 CSO에 대한 입체적인 이해도를 갖고 있어야 할 것이다.

CSO를 둘러싼 다양한 시각

지금부터는 CSO라는 직책과 역할을 둘러싼 다양한 의견을 소개하며, 우리 조직에는 어떤 시사점을 줄 수 있는지 생각해 보는 데 방점을 찍고자 한다. 조직과 직책의 역사가 일천한 만큼, CSO를 어떻게 규정하는지에 대해서는 꽤 넓은 스펙트럼의 시각이 존재한다.

먼저 CSO가 기업의 핵심적인 경영 전략에 지속가능성을 통합시키는 역할을 수행해야 한다는 견해가 있다. 전사적인 온실가스 감축량 목표를 천명하고, 이를 기획, 재무, 인사, 법무, 홍보, 영업, 마케팅, IT 등에 유기적으로 연계하는 것이다. CSO는 다른 C-레벨 리더들과 협의해 기업의 모든 의사 결정에 지속가능성을 고려하고, 중장기 ESG 전략을 수립하고 실행한다.

조금 다른 결의 시선도 있다. CMOChief marketing Office가 마케팅 업무에 집중하고, CCOChief Communication Officer가 커뮤니케이션 업무에 집중하듯이 CSO는 지속가능성 업무에 집중해야 한다는 것이다. 즉, 지속가능성 성과를 체계적으로 측정하고 평가하며, 이를 여러 이해관계자에게 투명하게 공개하는 역할에 무게중심을 둬야 한다는 시각이다.

지속가능경영은 특정 임원이 전유하는 업무가 아니라 전사적인 의제이므로 CSO의 역할을 각 부서가 지속가능성을 고려하고 중시하도록 돕는 조력자로 보는 관점도 있다. 물론 이때 조력의 범위는 어디까지인지, '전사적 의제'에 대한 책임은 누가 지는지 모호한 지점이 많다.

이미 '지속가능성'이라는 화두는 인사, 마케팅, 재무 등 역사가 오래된 기존 부서에서 다루고 있다는 입장도 있다. 인사 관점에서, 마케팅 관점에서, 재무 관점에서 회사의 지속가능성을 고민하고 있는 데, 구태여 CSO가 필요한가에 회의적인 시선이다.

반면 인사, 마케팅, 재무 영역에서 인정되는 전문성이 각기 다르듯, 지속가능경영을 지휘할 수 있는 전문적 역량 또한 독립적으로 인정해야 한다는 주장도 있다. 포스코경영연구원의 리포트에서 표현을 빌리자면, '기업이 당면한 ESG 경영 이슈를 최고 경영진 수준에서 다룰 수 있는 전문성'이다.[1]

CSO의 도입을 두고도 다층적인 논의가 전개되고 있다. 지속가능성을 핵심적인 역할로 명시한 직책을 둠으로써 회사의 ESG 내재화를 강력하게 추동할 수 있다고 긍정적으로 바라보는 이가 있는가 하면, 실질적인 변화를 수반하지 않은 채 CSO라는 그럴듯한 외피를 통해 마치 이 기업이 지속가능경영에 사력을 다하는 듯한 착시를 줄 수 있다고 경계하는 이도 있다. CSO 직책이 신설되면서 기존의 다른 임원들이 지속가능성에 대한 책임을 해태할 수 있다는 우려도 있다. 지속가능성 관련 사안을 CSO에 다 전가할 수 있기 때문이다.

---

1   서동철. (2022). 갈수록 커져가는 CSO의 역할. POSRI Issue Brief, 12.28. 포스코경영연구원 발간 리포트이다.

CSO에게 요구되는 역량과 자격 요건

효과적인 CSO를 선발하기 위해서는 단순히 ESG 지식뿐만 아니라 다양한 역량이 요구된다. 첫째, 지속가능성에 대한 깊이 있는 전문 지식과 함께 비즈니스 모델에 대한 이해가 필수적이다. 둘째, 조직 변화를 끌어낼 수 있는 리더십과 변화 관리 경험이 중요하다. 셋째, 내부 임직원부터 투자자, 규제 기관, NGO에 이르기까지 다양한 이해관계자와 효과적으로 소통할 수 있는 능력이 요구된다. 넷째, 데이터 기반의 의사 결정과 ESG 성과 측정을 위한 분석적 사고도 필수적이다. 마지막으로, 복잡한 지속가능성 이슈를 전사적 의제로 변환하고 기업 전략에 통합시킬 수 있는 전략적 사고가 필요하다.

CSO 논의에서 중요한 것은 실질적인 운영 전략

CSO가 생긴다는 것은 단순히 특정 임원 1인이 늘어나는 것을 의미하지 않는다. 임원을 보좌하는 CSO 산하의 여러 직원이 업무를 맡게 되고, 경우에 따라서는 부서가 신설되기도 하고, 다른 부문에 있던 부서가 CSO 산하로 편제가 바뀌기도 할 것이다.

CSO를 둘러싼 다양한 시각이 있다는 것을 위에서 간략하게 정리해 보았다. CSO 도입을 회의적으로 보는 견해가 있는 것은 사실이지만, 그것이 CSO의 필요성과 존재의의를 부정하는 것은 아니다. 중요한 것은 실제적인 운영이다. 역할의 모호함은 기업 자체의 지속가능성 전략이 부재해서 기인한 현상일 수 있다. 거시적인 전략을 재점검하고 CSO 조직의 역할을 명확하게 설정할 필요가 있다.

CSO의 역할과 중점 과제는 산업 특성에 따라 달라질 수 있다. 금융업의 경우, CSO는 책임투자 원칙 수립과 ESG 리스크 관리, 기후금융 전략 수립에 방점을 찍어야 한다. 제조업에서는 공급망 ESG 관리, 탄소중립 로드맵 수립, 순환경제 체계 구축이 주요 과제가 된다. IT 산업의 CSO는 디지털 윤리, 데이터 프라이버시, 친환경 데이터센터 구축 등에 초점을 맞춰야 한다. 유통업에서는 지속가능한 소비 촉진, 포장재 감축, 공정무역 확대 등이 CSO의 핵심 의제가 될 수 있다.

새로운 기구를 도입할 때는 당연히 섬세하고 신중한 접근이 요구된다. CSO의 역할과 직속 부서의 업무 범위를 명확히 규정하고, 지속가능성을 다루는 부서에 실질적인 권한과 자원을 부여해야 할 것이다. 회사 내부적으로 지속가능성의 중요성을 인지시키고, 비재무적 성과의 측정 방법을 고도화하며, ESG 관련 데이터의 정확한 수집·분석·보고체계를 구축하는 등 여러 과제가 산적해 있다.

지속가능경영과 관련해 부서 간 유기적인 협력 메커니즘을 구축하기 위해서는 성과 평가 시스템에도 이런 점을 반영해야 한다(ESG 담당자들이 무척이나 힘들어하는 것이 '취합'이다). 조직문화도 지속가능성에 친화적인 방향으로 변해야 한다.

CSO의 성공적인 역할 수행을 위해서는 다른 C-레벨 임원들과의 긴밀한 협력이 필수적이다. CSO와 CFO는 기후 리스크의 재무적 영향 분석, 지속가능 투자 의사 결정, ESG 공시 협력 등에서 파트너십을 구축해야 한다. CSO와 CHO는 임직원 ESG 역량 강화, 다양성·포용성 전략 수립, 건강하고 안전한 일터 조성 등에서 협력할 수 있다. CSO와 CTO는 친환경 기술 개발, ESG 데이터 관리 시스템 구축 등에서 시너지를 만들어 낼 수 있다. 이러한 협력을 제도화하기 위해 정기적인 C-레벨 ESG 협의체 운영, 부서 간 ESG 목표 공유 체계 구축, 통합 ESG 성과 보상 체계 마련 등의 방안을 고려할 수 있다.

전 세계적으로 ESG 관련 규제 환경이 빠르게 변화하고 있다. 기업 지속가능성 보고 지침CSRD, 기업 지속가능성 실사지침CSDDD 등 새로운 규제와 표준이 속속 등장하고 있다. 이러한 환경에서 CSO는 글로벌 규제 동향을 모니터링하고, 기업이 선제적으로 대응할 수 있도록 내부 시스템을 구축하는 핵심적인 역할을 수행해야 한다.

ESG적 생각

기후변화, 사회적 불평등, 자원 고갈, 에너지 위기, 물가 불안정 등 기업 경영을 둘러싼 대내외 불확실성이 가중되고 있다. 필자는 CSO의 도입을 통해 회사의 지속가능경영이 탄력을 받는 것 외에도 회사의 리스크 관리, 투자자 신뢰도 제고, 각종 대외 평가지표 개선 등 중장기적인 가치 창출 효과가 크다고 생각한다.

CSO는 이제 시작 단계다. 지속가능경영을 향한 건강한 논의가 필요하다. 이를 통해 회사의 지속가능성 엔진은 더욱 강화될 것이다.

'돈쭐'을 내버리는 바이콧 행렬의 표심: MZ 세대와 가치소비의 정치학

'돈쭐'이라는 생소하지만 유쾌한 신조어가 있다. '돈으로 혼쭐을 내준다'는 뜻이다. 이는 기분 나쁜 벌이 아니라, 고마움과 응원의 표현이다. 착한 가게에 몰려가 소비를 통해 응원하는 이른바 '착한 소비'의 진화된 모습이다. SNS에는 돈쭐을 내줘야 할 가게 리스트가 돌아다닌다.

돈쭐, 착한 소비의 진화된 형태

이러한 현상은 '바이콧Buycott'이라 불리는 새로운 소비 행태와 맞닿아 있다. '바이콧'은 특정 기업의 제품을 구매하지 않는 '보이콧Boycott'의 반대말로, 가치 있는 행동이나 철학을 가진 기업에 대한 적극적인 소비를 뜻한다.

그리고 그 중심에는 사회적 정의와 공정성에 민감하게 반응하는 MZ 세대가 있다. 이들은 단순히 소비자가 아닌 '시민 소비자'로서의 정체성을 즐기고, 자발적으로 착한 소비 세리머니에 참여하거나 동참을 호소한다.

롯데백화점 전주점 지하 식품관에서 '함씨네토종콩식품 돈쭐 행사'라는 이색적인 프로모션이 진행된 적이 있다.[1] 함씨네토종콩식품은 토종 콩의 우수성을 알리기 위해 노력하고 있는 '콩 박사' 함정희 대표가 이끄는 식품 업체다. '박사'는 레토릭이 아니다. 고졸 학력으로 오랫동안 살아왔던 그녀는 2021년 '한국인의 건강 관점에서 콩의 영양, 기원 및 유전자원에 관한 연구'로 보건행정학 박사학위를 받았다.[2] 1953년생이니 칠순 가까이 되는 나이에 이뤄낸 놀라운 성과다. 절로 고개가 숙여진다.

함 대표는 투철한 신념 아래 20여 년 동안 국내산 콩만 고집하며 사업을 영위해 오고 있다. 수입 콩보다 국산 콩의 가격이 훨씬 비싸기 때문에 회사는 부도 위기에 처하기 일쑤였다. 그런 상황 속에서

1 윤난슬. (2021). "롯데백 전주점, 함씨네콩식품 '돈쭐 행사' 개최… 위기 업체 돕기". 뉴시스, 7.30.
2 함정희. (2021). A Korean Healthy Perspective on the Nutritional Status, Origin, and Germplasm Conservation of Soybean : 한국인의 건강 관점에서 콩의 영양, 기원 및 유전자원에 관한 연구. 원광대학교 대학원 박사학위 논문.

도 '건강한 먹거리'를 만들어야 한다는 사명감으로 단가 부담을 감내하고 있다. '건강과 신뢰는 양보할 수 없는 가치'라는 기업가 정신을 지켜내기 위해 분투하고 있는 것이다.

이러한 함 대표의 경영 철학은 ESG 관점에서 볼 때 환경(E)과 사회(S) 가치를 동시에 실현하는 모범 사례라 할 수 있다. 국내산 콩 고집은 '식품 안전성 향상'과 '국내 농업 생태계 보전'이라는 환경적 가치와, '농가 소득 증대'와 '식품 주권 확보'라는 사회적 가치를 모두 추구하기 때문이다. 또한 투명한 원산지 표시와 생산 과정 공개를 통한 지배구조(G) 측면에서도 모범 사례를 보여주고 있다.

'국산 콩 지킴이' 역할을 자처하고 있는 함 대표의 사연이 〈세바시(세상을 바꾸는 시간 15분)〉 유튜브 채널에 소개됐다. 세바시 측에서도 이례적으로 "이런 분은 우리가 돈쭐을 내줘야 한다"라는 메시지를 전면에 내세웠고, 이 영상을 감명 깊게 본 롯데백화점 식품 바이어의 제안으로 결국 백화점 한복판에서 돈쭐 이벤트까지 진행하게 되었다. 롯데백화점은 이번 프로모션을 넘어 함씨네토종콩식품의 판로 개척과 온라인숍 입점까지 지속적으로 지원하겠다는 의사를 밝혔다.

어떤 기업이든 갑자기 돈쭐의 대상이 되어 폭발적으로 매출이 상승하는 행복한 상상의 나래를 펼쳐볼 수는 있다. 하지만 소비자의 자발적인 의지로 추동되는 돈쭐의 특성상 작위적인 마케팅으로 그런 꿈을 꾸는 것은 난망한 일이 될 공산이 크다. 되레 위와 같은 방식으로 착한 브랜드로 평가받는 곳과 협업하는 방향을 고려해 보면 어떨까? 무심코 지나칠 수 있는 유튜브 영상 한 편도 참신한 판촉 기획의 촉매제가 될 수 있다.

다만 기업들이 유의해야 할 점은 진정성이다. 단순히 마케팅 효과를 위해 표면적으로만 사회적 가치를 내세우는 '소셜워싱Social Washing'[3]은 소비자들의 냉철한 판단으로 오히려 역효과를 불러올 수 있다. 소셜워싱은 마치 환경을 위하는 척만 하는 그린워싱처럼, 사회적 가치를 표면적으로만 내세우는 양태를 의미한다. 진정한 돈쭐은 장기적이고 일관된 기업 철학과 실천에서 비롯된다.

국내외 바이콧의 다양한 양상과 문화적 차이

돈쭐에는 소비를 통해 개인의 신념을 드러내는 '미닝 아웃Meaning Out'의 심리가 배태되어 있다. "눈치 보면 혼난다"며 결식 아동에게 무료로 식사를 제공한 홍대 소재 파스타 가게는 익명의 네티즌부터

---

3   허종호, 안희경. (2024). 그린워싱, 소셜워싱, 거버넌스워싱이 기업평가에 미치는 영향. 한국마케팅관리학회 학술대회, 38-38.

당시 영부인까지 폭넓은 층의 관심을 한 몸에 받았다. 뉴욕 타임스 퀘어 전광판에 한복 광고를 게재한 후 중국과 일본 네티즌과 국제 소송을 벌이게 된 기업에는 소송비 후원 물결이 일었다.

돈쭐은 비단 국내에 한정되지 않는다. 중국의 한 토종 스포츠 브랜드는 '천년 만의 폭우'로 극심한 피해를 본 허난성에 무려 5천만 위안(88억 원 상당)의 물품과 현금을 지원했다. 이 회사보다 규모가 훨씬 큰 기업을 압도하는 후원 규모였다. 이에 중국 네티즌들은 돈쭐로 화답했다. 상품 가격의 2배를 지불하겠다는 소비자가 등장했고, 회사 서버가 다운됐으며, 재고 부족 사태로 이어졌다. 샤오미의 레이쥔 회장은 이 브랜드의 신발을 신은 사진을 SNS에 올려 돈쭐 행렬에 힘을 실어주었다. 징둥닷컴에서의 매출이 한때 전년 대비 50배 이상 증가하기도 했다.

이러한 바이콧 현상은 국가별로 독특한 양상을 보인다. 미국에서는 파타고니아, 벤앤제리 등 가치 주도형 기업이 꾸준한 지지를 받는 형태로 나타나며, 유럽에서는 공정무역, 친환경 인증 제품에 대한 프리미엄 지불 의사로 표현된다. 아시아권에서는 SNS를 통한 집단적이고 폭발적인 참여가 특징이다. 서구에 비해 상대적으로 동아시아권에서는 공동체적 참여와 사회적 인정을 중시하는 문화적 특성이 반영되어 단기적이고 집중적인 형태로 나타나는 경향이 있다.

가치 소비에 무게중심을 두는 MZ 세대는 기성세대보다 주도적으로 의견을 제시하는 데 익숙하다. 이런 성향이 소비행위에 발현된 것이 돈쭐이다. 집단의 힘을 모아 선한 영향력을 과시하는 바이콧의 미학! 이는 일종의 '화폐 투표'적 성격을 갖는다고도 볼 수 있다. 선거의 핵심은 민심의 변화와 그에 따른 유권자의 최종선택이다. 표심의 향방에 관심을 가져야 할 때이다.

바이콧의 한계와 지속가능한 소비문화로의 과제

돈쭐 현상이 갖는 한계와 부정적 측면에도 주목할 필요가 있다. 첫째, '무비판적 군중심리'로 이어질 위험성이다. 소셜미디어에서의 정보 확산 과정에서 사실 확인이 미흡할 경우, 잘못된 정보나 과장된 미담이 돈쭐로 이어질 수 있다. 둘째, 일시적 효과에 그칠 가능성이다. 돈쭐 이후 몇 개월이 지나면 매출이 원래 수준으로 회귀하는 경우가 다반사다. 셋째, 선의의 기업가가 감당하기 어려운 '과도한 성공'으로 인한 품질 관리나 공급망 문제가 발생할 수 있다. 넷째, 기업들의 '사회적 가치 마케팅'이 과열되면서 오히려 소비자들의 진정성 판단을 어렵게 만들 수 있다.

이런 맥락에서 돈쭐이 지속가능한 소비문화로 정착하기 위해서는 몇 가지 과제가 남아 있다. 첫째, 일시적 감성에 의존하는 '이벤트성' 소비를 넘어 지속적인 가치 소비문화로 정착되어야 한다. 돈쭐 이후의 지속적 지원과 관심이 기업의 장기적 생존과 성장에 필수적이기 때문이다. 둘째, 정부 차원에서도 사회적 가치를 창출하는 기업들에 대한 제도적 지원이 필요하다. 공공조달 우선권 부여, 세제 혜택, ESG 경영 지원 프로그램 등을 통해 선순환 구조를 만들어야 한다. 셋째, 기업들은 ESG 전략을 핵심 비즈니스 모델에 내재화하여 진정성 있는 사회적 가치 창출에 힘써야 한다.

 ESG적 생각

돈쭐은 단지 매출이 아니라 '신뢰'와 '지지'로 얻어낸 사회적 성과다. 여기서 '신뢰'란 기업이 표방하는 가치와 실제 행동 간의 일치성에 대한 소비자들의 확신을 의미하며, '지지'는 그러한 가치 지향적 기업이 지속적으로 성장할 수 있도록 하는 소비자들의 장기적 동반의식을 뜻한다. '바이콧'이라는 이 새로운 소비의 언어는 기업에는 진정성 있는 사회적 가치 창출의 중요성을, 소비자에게는 소비행위의 사회적 영향력을, 그리고 사회 전체에는 경제 활동과 사회적 가치의 통합 가능성을 일깨우는 현상이다. 결국 우리가 어떤 세상을 원하는지를 묻는 거대한 질문이기도 하다. 그리고 그 대답은 우리가 선택하는 '소비' 속에 이미 들어 있다.

그린 잡, 보다 확장된
맥락으로 바라보기

ESG가 기업 경영의 화두로 떠오르면서 덩달아 주가가 오른 분야가 있다. 이른바 '그린 잡Green Job'이다. '그린 잡'이란 용어가 점차 확산하면서 관련 기업들에 대한 주목도가 상승하고, 취업 시장에서도 새로운 기회의 창이 열리고 있다.

그린 잡이라는 말을 딱 들었을 때, 어떤 느낌이 드는가? 구체적으로 무엇을 가리키는지 뚜렷하지는 않을지언정 그래도 어느 정도 감이 잡히긴 한다. '그린'이 표상하는 특유의 이미지와 메시지가 있기 때문이다.

공식적인 정의를 살펴보자. 미국 노동통계국은 그린 잡을 '환경이나 천연자원에 이득이 되는 제품과 서비스를 만드는 직업이거나 자원을 덜 쓰고 생산 과정이 더 친환경적인 직업'으로 규정한다. 국제노동기구ILO는 '친환경 산업에서 환경을 보존하고 회복하는 데 기여하는 괜찮은 일자리decent job'로 바라보고 있고, 유엔환경계획United Nations Environment Programme, UNEP은 '온실가스 감축과 지구 환경, 생태계 보호를 통해 지속가능한 성장과 관련된 재화, 서비스를 제공하는 직업'으로 정의 내린 바 있다.[1]

그린의 의미를 재해석하다

필자는 세계적인 기관에서 규정한 위의 내용이 당연히 틀렸다고는 보지 않지만, '그린'이라는 기표記標에 대한 해석의 층위가 보다 다양해져야 한다는 문제의식을 갖고 있다. 그린은 친환경을 의미하니, '그린 잡은 친환경 관련 업무'라는 식의 의미 연결은 너무도 기계적이고 일차원적이다.

그린 잡에 대한 협소한 시각은 '그린'이라는 목표를 향해 정진하고 있는 선의의, 그리고 다수의 프로페셔널을 본의 아니게 배제하는 결과를 초래할 수 있다. 직업명이나 부서명에 환경 관련 키워드가 들어가지 않는다고 해도 그린 잡의 범주에 포함될 수 있다. 중요한 것은 명함에 적힌 몇 글자가 아니라 '그린 감수성'과 지식, 역할,

---

1   코트라. (2022). 해외시장의 유망 그린 잡(Green job).

방향성이다.

그린이 유독 푸릇푸릇한 나무나 산과 같이 단일한 이미지로 연상되는 경향이 있는 것도 문제다. 주요 대기업이나 금융사 홈페이지에 접속해 보자. ESG 섹션은 늘 '우리 강산 푸르게 푸르게'이다.

필자는 우리가 살아가는 이 사회를 보다 건강하고 안전하게 만드는 데 기여하는 일이라면 모두 넓은 의미의 그린 잡에 해당한다고 생각한다. '환경'이란 단어를 살펴보면, 이는 본디 자연환경만을 의미하는 것이 아님을 어렵지 않게 알 수 있다. 여러 형태의 사회적, 경제적, 문화적 환경을 포괄하기 마련이다. 나무를 심고 쓰레기를 줍는 활동이 '친환경' 활동의 전부로 오인되어서는 안 될 것이다.

'그린'이라는 강령을 그렇게 단순한 논리로, 그것도 한정된 집단에서 전유해 버리는 것은 부당하기 그지없는 처사다. 무엇보다 그린의 취지에도 부합하지 않는다. 보다 확장된 맥락에서, 보다 많은 사람이 그린 활동에 흔쾌하게 참여할 수 있게 만들어야 한다.

작은 초록빛 날갯짓 그리고 그린 잡의 방향성

지역 커뮤니티 사이의 연결고리를 강화하는 일, 교통환경을 개선해 주민들의 편의를 증진하는 일, 청년들의 취업을 돕는 교육 프로그램을 고안하는 일, 재능기부 차원에서 직접 연사로 나서거나 마을 축제에 문화적 요소를 가미하는 일. 당장은 이런 부류의 움직임이 녹색 빛깔로 바로 연상되지는 않을 것이다. 다만 '그린 잡'은 색깔 논쟁이 아니다. 이것은 녹색, 저것은 적색, 흑색, 이런 식으로 편 가르듯 구획하자는 게 아니다. 핵심은 더 나은 미래를 만드는 데 동참하는 것이다.

에코 디자이너, 그린 빌딩 설계사, 수직농업 기술자, 폐수 관리 기사, 대기질 엔지니어, 이 모두가 국내외에서 유망하다고 거론되는 그린 잡이다. 이렇게 꼭 어떤 화려한 네이밍이 부여되지 않더라도 일상에서 실천하는 작은 초록빛 날갯짓이 우리 사회가 좀 더 지속 가능한 방향으로 나아가는 데 힘을 보태준다면, 그린 잡을 수행하고 있다고 봐도 큰 무리가 없을 것이다.

> ### 🍎 ESG적 생각
>
> 더 많은 그린 잡이 탄생하길 바란다. 그린 잡의 형태와 그에 담긴 목소리가 다채로워질수록 우리 사회는 더욱 건강해질 테니 말이다. 우리는 이제 특정 분야나 직업군에 '그린' 라벨을 붙이는 것을 넘어, 모든 일터에서 지속가능성의 가치를 실현하는 방향으로 나아가야 한다. 그린 잡 역시 특별한 직업이 아닌 모든 일의 기본 방향이 되어야 할 터이다. 모두가 각자의 위치에서 그린 워커Green Worker로 활동할 때, 진정한 지속가능한 미래가 열릴 것이다.

로펌의 사회적 가치 실현과
지속가능성

한 회사의 이야기를 들려드릴까 한다. 편하게 J로 부르기로 하자. J는 일찍이 업계 최초로 '사회적 가치 경영'을 선언했다. 경제적 가치뿐 아니라 사회적 가치도 창출해야 한다는 의지의 표명이다. 더불어 사회적 가치 경영을 이행하기 위한 '사회적가치위원회Social Value Committee'를 신설하고, 구성원의 채용부터 사내 조달과 고객 관계 관리까지 사회적 가치를 두루 고려해 전사적 과제로 내재화하겠다는 방침을 세웠다. J는 어떤 회사일까? 널리 알려진 대기업일 것 같은 느낌이 든다.

더불어 J는 무려 20여 년 전에 회사에 공익위원회를 만들었다. 장애인·사회적경제·기업 공익·국제 인권·아동 청소년 등 다양한 분야에서 공익활동을 수행해 왔다. 전업 공익변호사의 수를 지속적으로 늘리겠다는 계획도 수립했다. 더 체계적인 공익활동을 위해 구성원뿐 아니라 그 뜻에 공감하는 사람들의 힘을 합쳐 사단법인 '두루'를 설립했다.

또 세계 최대 규모의 자발적 기업시민 이니셔티브인 유엔글로벌 콤팩트United Nations Global Compact, UNGC에 가입했다. 업계 최초란다. 이를 통해 UNGC의 인권, 노동, 환경, 반부패에 대한 10대 원칙과 지속가능발전목표를 실천하기 위해 노력하고 있다. 사내에서는 사회적 기업에서 만든 사무용품을 사용한다. 동종업계 최초로 시각장애인을 채용하기도 했다.

J가 발간한 지속가능성보고서[1]에는 최근 입사한 구성원들의 성비, 출신 대학(학부, 대학원), 소수자(장애인, 탈북민 등) 구성원 비율 등이 기재되어 있다. J는 어떤 산업에 속한 플레이어일까? 몇 손가락 안에 드는 대형 그룹사의 이야기처럼 보이지만 J는 다름 아닌 법무법인, 즉 로펌이다. 아니, 로펌에서 왜 이렇게 ESG 경영에 열을 내는 것일까? 아닌 말로 자기들이 SK그룹도 아닌데 말이다. 해외에서는 '고용된 총잡이Hired Gun'라는 소리까지 듣기도 하지 않았던가.

J가 로펌임을 인지하고 다시 위의 문단을 읽어보면, 내용 하나하나가 예사롭지 않다. 가령 지속가능보고서의 경우, 국내 로펌에서 현재 J만 홀로 발간하고 있다(사회공헌보고서를 내는 로펌은 있지만, 지

---

1   법무법인 지평. (2024). 2022-2023 지평 지속가능성보고서.

속가능성보고서 발간은 J가 유일하다[2]).

　J는 2020년부터 이러한 보고서를 발간하기 시작했으며, 법률 분야에서 사회적 가치를 실현하기 위한 노력과 성과를 이해관계자들에게 투명하게 공개하고 있다. 2022-2023년 지속가능성보고서에는 유엔글로벌콤팩트 10대 원칙과 유엔 지속가능발전목표 이행을 위한 주요 활동이 포함되어 있으며, 국제 지속가능성 보고 표준인 GRIGlobal Reporting Initiative 스탠다드를 따르고 있다.

　기업의 긍정적인 이미지가 비즈니스의 핵심적인 동력이 되는 곳도 아니고, 승소만 잘하면 특별한 어려움 없이 운영될 것 같은데, J는 왜 그렇게 ESG에 진심인 걸까? 너무도 당연한 얘기 같지만, 로펌도 하나의 기업이다. ESG 실천의 예외가 될 수 없을 터이다. 되레 근자에는 클라이언트들이 로펌의 ESG 이행 상황을 면밀히 체크하기 시작했다. 이제 ESG가 사건 수임과도 유의한 상관관계를 갖게 되는 것이다.

　또 변호사법 조항을 살펴보면, 사실 로펌에 ESG는 선택이 아니라 '필수적인 사항'임을 어렵지 않게 알 수 있다. "변호사는 기본적 인권을 옹호하고 사회정의를 실현함을 사명으로 한다"라는 내용의 변

2　법무법인 지평 홈페이지.

호사법 제1조, "변호사는 공공성을 지닌 법률 전문직으로서 독립하여 자유롭게 그 직무를 수행한다"라는 변호사법 제2조에 변호사로서의 사명의식이 반영되어 있다.

물론 로펌에 변호사만 재직하는 것은 아니다. 회계사, 변리사, 세무사 등 다른 전문 자격증 소지자들도 있고, 특정 분야의 학위를 취득한 전문가 및 컨설턴트 그룹도 있다. 경영관리를 담당하는 행정직도 있고, 공직 생활을 오래 한 인물들도 있다. 그럼에도 대부분 로펌에서 변호사의 비율이 압도적으로 높다는 것은 부인할 수 없다. 인권 옹호, 사회정의 실현, 공공성 등의 키워드와 로펌은 떼려야 뗄 수 없는 것이다. 법을 다루는 조직 특성상 변호사가 아닌 로펌의 다른 구성원들에게도 마찬가지로 높은 수준의 직업윤리가 요구된다.

대기업이나 금융회사뿐 아니라 로펌도 비재무적 요소에 눈을 돌리기 시작했다. 영국계 로펌 중 한 곳은 DEIDiversity, Equity and Inclusion(다양성, 형평성, 포용성) 관련 직무를 수행하는 전문가를 따로 배치한 바 있다. 그뿐만 아니라 LGBTQ(레즈비언·게이·바이섹슈얼·트랜스젠더·퀴어) 직원들이 배제되지 않아야 한다고 명시적으로 밝혔으며, 다양한 인종과 민족적 배경을 가진 사람들이 조직 내 여러 직급에 두루 포진할 수 있도록 하는 것을 최우선 과제로 삼고 있기도 하다.

J는 2022년 구성원들의 안전한 근무환경과 보건·정신건강을 위한 '산업안전보건위원회'를 구성하여 안전보건경영방침과 관련 규정을 정비했다. 더 나아가 같은 해 글로벌 인권경영 다자간 연합체인 '세계 벤치마킹 얼라이언스World Benchmarking Alliance, WBA'에 가입하며 인권경영을 체계화하고 있다. 아시아 로펌이 WBA에 가입한 것은 J가 최초다. 또한 전 세계적으로 강화되고 있는 글로벌 공급망의 투명성과 지속가능성 요구에 대응하여 관련 법률 자문과 컨설팅, 세미나 개최 등 다양한 활동을 전개하고 있다.

 ESG적 생각

J 구성원의 명함을 받아본 적이 있다. J는 시각장애인을 위한 점자 명함, 시니어 고객을 위한 큰 글자 명함을 도입했다. 세심한 배려다. 최근 몇 년 동안 로펌에는 ESG 전문 조직들이 여럿 생겨났다. '외부'에 ESG 관련 법률적, 제도적 컨설팅을 해주기 위한 전문 기구다. 이제 로펌 '내부'의 ESG 경영도 진단해 볼 시점이다. 로펌은 기본적 인권을 옹호하고 사회정의를 실현함을 사명으로 삼아야 하는 곳이니까. 이렇게 로펌 내·외부에서 공히 쌓은 신뢰와 평판은 로펌의 건설적인 지속가능경영을 견인할 것이다.

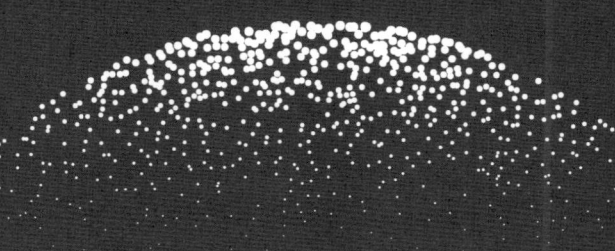

PART
2

공간에 ESG를 녹여내다
지속가능경영 철학이 깃든 공간

열린 공간과 ESG:
석촌호수 러버덕 프로젝트가 보여준
지속가능한 가치창출

"도시에서는 다양한 사람들을 만날 수 있는 공간이 필요해요. 지금의 도시에는 사람을 만나고 앉아서 이야기하려면 돈을 내고 들어가야 하는 공간밖에 없어요. 서로 다른 경제 배경을 가진 사람들이 같은 현장 속에 있을 가능성이 점점 없어지는 거죠. 이런 점들이 밀레니얼이 맞이할 더 심각한 문제라고 생각해요."

홍익대 건축학부 유현준 교수의 메시지다. '건축으로 세상을 조망하고 사유하는 인문 건축가'라는 수식이 아깝지 않은 통찰이다.

도시의 불평등과 열린 공간의 필요성

　유 교수는 한 일간지에 기고한 칼럼에서 같은 도시에서 수십 년을 살아도 시민들 간에 '공통의 추억'을 향유하기가 어려울 것이라고 말했다. 씁쓸한 진단이다. 부자와 그렇지 않은 사람이 한 공간에 있을 가능성이 희박하기 때문이다. 그러면서 그는 이런 결론에 다다른다. 도시에는 공짜로 머물 수 있는 공간이 필요하다고![1]

　학생들도 마찬가지다. 도서관은 누구에게나 평등하지만, 이른바 '카공(카페에서 공부하기)'만 해도 일정 비용이 소요된다. 매일 같이 노트북을 들고 과제를 준비하고, 각종 대외활동 업무를 수행해야 하는 대학생에게 카페에 가는 것에도 분명 진입장벽이 있는 것이다. 커피 가격도 천차만별이다. 독서실과 같은 느낌의 스터디 전문 카페도 증가하고 있다. 쾌적함과 편리함을 갖춘 만큼, 만만찮은 이용료가 책정된다.

　우리가 살아가는 이 회색 도시에는 도서관, 공원, 벤치와 같이 누구나 손쉽게 이용할 수 있는 '열린 공간'이 부족하다. 이런 점이 '닫힌 사회'를 만든다. 이러한 도시 공간의 불평등 문제 해결에 기업이 기여할 방안을 모색하는 것은 그 자체로 유의미하다. 사회적 포용성과 접근성은 지속가능한 도시 환경 구축의 근간이기 때문이다.

1　유현준. (2019). "공원과 스타벅스의 차이". 조선일보, 12.20.

2022년 남녀노소 많은 사람이 모여 분주하게 스마트폰 카메라를 꺼내 들었던 곳이 있었다. 바로 서울 송파구 잠실동에 위치한 석촌호수다. 석촌호수는 산책하기도 좋고, 근처에 쇼핑과 식사를 즐길 수 있는 공간이 즐비해 원래 사람들로 북적이는 곳이지만, 당시 석촌호수 방문 '열풍'은 평소와는 규모와 위세가 남달랐다. 사흘간 70만 명이 넘는 사람이 이곳에 운집했다. 8년 만에 '러버덕Rubber Duck'이 귀환했기 때문이다.

대형 벌룬의 원조 격이자 국내에서 공공미술의 바람을 본격적으로 불게 한 러버덕. 2014년 러버덕을 보러 500만 명이 잠실을 찾았다. 2022년엔 높이 18m, 가로 19m, 세로 23m로 이전보다 몸집이 더 커졌다.[2]

유통 대기업과 기초자치단체가 함께 주관하는 '러버덕 프로젝트 서울 2022'는 당시 연일 화제를 모았다. 위로와 희망의 메시지를 건네고 있는 이 귀여운 대형 오리를 보는 데 그 어떤 비용도 부과되지 않았다. 일종의 미술품 전시인 데도 말이다. 잠실 석촌호수는 앞서 말한대로 그야말로 '공짜로 머물 수 있는 공간'이다.

그래도 SNS에 해시태그를 달아 '인증샷'을 올리기도 하는데, 근

---

2   김채영. (2022). "'러버덕 인증샷 찍으러 갈까'···온라인에 뺏긴 소비자 '캐릭터'로 끌어온다". 이코노미스트, 10.9.

처 쇼핑몰에서 커피라도 한 잔 마셔야 하지 않겠냐고? 그런 얄팍한 부가조건 따위는 일절 존재하지 않는다. 쇼핑은 선택사항이지 의무 사항이 아니었다. 볼거리도 다양하게 준비되어 있었다. 무료로 즐길 수 있는 이벤트도 많았다.

물론 석촌호수와 롯데월드몰은 도보로 쉽게 이동할 수 있을 정도로 가깝게 연결되어 있다. 자연스럽게 고객의 점포 방문을 유도할 수 있는 것이다. 잠실에는 롯데가 운영하는 쇼핑몰뿐 아니라 영화관, 아쿠아리움, 호텔, 면세점, 마트, 가전 양판점, 편의점, 놀이공원 등 다양한 유형의 공간이 자리 잡고 있다. 고객은 이 거대한 복합단지에서 어떤 곳으로 발걸음을 향할지 편하게 선택만 하면 된다.

지역경제 활성화와 ESG 가치 창출

그렇다고 러버덕 프로젝트가 롯데그룹에만 이로운 이벤트는 결단코 아니었다. 석촌호수 인근에는 방이동 먹자골목과 송리단길, 카페거리가 있다. 실지로 8년 전 러버덕 전시는 주변 지역 상권의 월평균 방문객과 매출을 각각 20%, 15%씩 끌어올렸다는 분석이 있다.[3] 이 통통한 노란 오리가 유통 대기업의 매출 증대뿐 아니라 지역

---

3   신민경. (2022). "러버덕, 8년 만에 한국 돌아온다…9월 말 석촌호수 전시". 뉴스1, 9.7.

경제 활성화도 견인했던 것이다. 지역 상생이 호숫가에서 출발했다는 점이 적이 이채롭다.

이러한 경제적 효과는 단순한 숫자 이상의 의미를 갖는다. 방문객 연령층의 다양성은 이 프로젝트가 세대 간 장벽을 허물었음을 보여주며, 소셜미디어를 통한 자발적 확산은 디지털 시대의 공유경제적 가치를 창출했다고 볼 수 있다. 또한 중소상공인 중심의 경제적 효과는 ESG의 상생과 포용 가치를 실현한 것이다.

ESG 관점에서 본 러버덕 프로젝트의 가치

이 프로젝트는 ESG 경영의 핵심 요소를 모두 포함하고 있다. 우선 S(사회) 측면에서, 모든 계층이 접근 가능한 문화 체험을 제공함으로써 사회적 포용성을 높였다. G(지배구조) 측면에서는 기업과 지자체, 지역 상인들의 협력적 거버넌스를 통해 다양한 이해관계자의 니즈를 충족시켰다. E(환경) 측면에서는 석촌호수라는 도시 내 수水공간의 생태적 가치를 재조명했다. 석촌호수는 서울의 대표적인 도시 내 인공호수로, 생물 다양성 보존과 도시 열섬현상 완화에 기여하는 중요한 환경 자산이다. 러버덕 프로젝트는 이 수공간에 대한 시민들의 관심을 높이고, 도시 환경 보존의 중요성을 자연스럽게 일깨우는 계기가 되었다.

이러한 ESG 관점에서 러버덕 프로젝트의 성공 요인을 분석해 보면, 기업 실무자들이 유사한 프로젝트를 기획할 때 다음과 같은 요소를 고려할 필요가 있다.

첫째, 진정성 있는 사회적 가치 창출을 위해 접근성 장벽을 낮추는 것이 중요하다. 둘째, 단순한 마케팅이 아닌 지역사회와의 상생을 목표로 해야 한다. 셋째, 재미와 의미를 동시에 제공함으로써 대중의 자발적 참여를 끌어내야 한다.

이러한 프로젝트를 성공적으로 수행하기 위한 실무적 단계는 다음과 같다.

1. **기획 단계:** 다양한 이해관계자(기업, 지자체, 지역 주민, 예술가, 환경단체 등)가 참여하는 협의체를 구성하여 공동의 비전과 목표를 설정한다. 예산은 기업의 마케팅 비용과 사회공헌 비용을 연계하여 지속가능성을 확보한다.

2. **실행 단계:** 지역사회와의 소통 채널을 다양화하고, 환경적 영향평가를 통해 부정적 효과를 최소화한다. 지역 소상공인의 참여 기회를 적극적으로 마련하며, 공간의 공공성을 최대한 확보한다.

3. **성과 측정:** 정량적 지표(방문객 수, 매출 증가, 소셜미디어 확산도)와 정성적 지표(지역 이미지 개선, 시민 만족도, 환경 인식 변화)를 균형 있게 측정한다. 장기적 관점에서 지역 생태계 변화를 추적한다.

4. **피드백 및 개선:** 수집된 데이터를 바탕으로 다음 프로젝트에 반영할 교훈을 도출하고, 이해관계자들과 투명하게 공유한다.

국내외 유사 사례를 살펴보면, 성공 사례들은 모두 공공성, 접근성, 지역 맥락과의 조화를 중시했다는 공통점이 있다는 것을 알 수 있다. 반면 실패 사례들은 단기적인 수익성에 초점을 맞추어 진정한 공유 가치를 창출하지 못했다. 이는 공공미술 프로젝트에서 경제적 가치와 사회적 가치의 균형이 얼마나 중요한지 잘 보여준다.

공통의 추억과 지속가능한 가치

'공통의 추억'이 부재한 살풍경한 잿빛 도시의 모습. 그러나 호수 수면 위로 동동 떠 있는 러버덕은 우리에게 '공통의 추억'을 선사했다. 이 프로젝트의 슬로건은 '즐거움을 세계에 퍼트리다Spreading joy around the world'였다. 그 즐거움을 함께 느끼는 데 자격 조건을 설정해 놓지 않은 것이 이 프로젝트가 크게 성공한 원동력이지 않았을까? 석촌호수에는 입장료가 없다. 아무런 차별이 없는 공간이다.

이러한 공공-민간 협력 모델은 환경적 지속가능성, 사회적 포용성, 그리고 투명한 거버넌스를 동시에 추구하는 방향으로 더욱 발전해야 한다. 향후 기후변화 대응, 사회적 불평등 심화, 디지털 전환 가속화라는 글로벌 메가트렌드 속에서, 기업들은 자신의 핵심 비즈니스와 ESG 가치를 어떻게 연결할 것인지 전략적 접근이 필요하다.

오프라인 유통 강자인 롯데는 '공간'에 착목했던 것이다.

 특히 기업 실무자들은 이런 성공 사례에서 영감을 얻고, 각자의 조직과 산업 특성에 맞는 ESG 전략을 수립함으로써 비즈니스의 장기적 성공과 사회적 가치 창출을 동시에 이룰 수 있도록 노력해야 할 것이다.

 현대 기업들이 직면한 중차대한 과제 중 하나는 이윤 추구와 사회적 책임 사이의 균형을 찾는 것이다. 석촌호수 러버덕 프로젝트는 이 둘이 상충하는 것이 아니라 시너지를 낼 수 있음을 보여주었다.

 ESG적 생각

[ESG 프로젝트 기획을 위한 5가지 체크 포인트]

1. 포용성Inclusivity: 모든 사람이 접근 가능한가? 경제적, 사회적, 물리적 장벽이 없는가?

2. 진정성Authenticity: 단순한 마케팅이 아닌 진정한 가치 창출을 목표로 하는가?

3. 통합성Integration: E, S, G 3요소가 균형 있게 고려되었는가?

4. 측정가능성Measurability: 성과를 객관적으로 측정할 수 있는 지표가 마련되어 있는가?

5. 지속가능성Sustainability: 일회성이 아닌 지속적인 가치 창출이 가능한 모델인가?

이케아에서 ESG로
'피카fika' 즐기기

주말에 가족들과 이케아를 찾았다. 오랜만에 이케아 매장을 다녀오고 느낀 점은 이케아를 단순히 '가구 전문점' 정도로 표현하기에는 부족하다는 것이었다. 이케아는 매장 곳곳에서 ESG를 실천하고 있었다. 그 중심에는 스웨덴이라는 나라 고유의 문화적 배경이 자리하고 있다.

피카fika, 스웨덴식 지속가능성의 문화적 표현

스웨덴 기업을 얘기하고자 하는데, 빠질 수 없는 게 있다. 피카fika다. '피카'는 지인들과 커피나 차를 마시며 생각을 나누는 쉬는 시간을 가리킨다. 실지로 커피를 의미하는 '카페kaffe'에서 유래했다. 피카는 스웨덴을 이해하는 데 굉장히 중요한 의미를 지닌 문화이다. 스웨덴에서는 "스카 비 피카Ska vi fika?"라는 말을 일상에서도 많이 주고받는다고 한다. '차 한잔하자'는 의미다.[1] '피카'는 단순한 커피 타임이 아니라, 사람과 사람 사이의 연결을 중시하고, 느림과 여유를 존중하는 스웨덴식 지속가능성의 표현이기도 하다. ESG가 지향하는 '지속가능한 사회적 관계'와도 맞닿아 있다.

이케아는 모든 일의 중심에 지속가능성이 있음을 공언하고 있다. 전 세계 30여 개 국가에서 이케아 매장을 운영하는 잉카그룹의 최고경영자 예스페르 브로딘Jesper Brodin은 한국 매체와의 인터뷰에서 지속가능성Sustainability을 '이케아의 영원한 테마'로 뽑기도 했다.[2]

이케아의 ESG 철학과 지속가능한 비전

이케아 매장을 찬찬히 둘러보다 보면, 이런 철학이 곳곳에 녹아 들어 있음을 어렵지 않게 알 수 있다. 가령 이케아 제품을 소비자가 직접 운반해야 하는 이유를 이렇게 설명한다. '불필요한 배송비용을 없애고, 고객이 구입한 날 바로 사용할 수 있게 하기 위함'이라는

---

1   엘리. (2019). 『나의 스웨덴에서』. arte(아르테).
2   유지연. (2022). ""튼튼하니까 당근마켓서도 인기" 이케아 CEO의 자신감". 중앙일보, 9.21.

것이다.

배송에 있어도, 전기차의 비중을 높이기 위해 노력하고 있다. 이
케아는 2028년까지 가정 배송의 9할 이상을 무공해 차량으로 전환
하겠다는 목표를 수립했다. 네덜란드에서는 배송용 전기 자전거를
선보이기도 했다. 이는 유엔의 지속가능발전목표 중 '기후변화 대
응(Goal 13)'과 '지속가능한 도시와 커뮤니티(Goal 11)'에 직접적으
로 기여하는 노력이다.

> "왜 아름답고 좋은 제품은 소수의 고객만을 위한 것이어야 하죠? 낮은
> 가격으로도 멋진 디자인과 실용적인 제품을 충분히 판매할 수 있어야
> 합니다."

소비자 그룹 혹은 시민단체의 주장 같이 들리지만, 1943년 스웨덴
에서 이케아를 창업한 잉바르 캄프라드Ingvar Kamprad의 메시지이다.

이케아의 5대 디자인 원칙도 특기할 만하다. 이케아의 모든 제품
은 디자인, 기능, 품질, 지속가능성, 낮은 가격이라는 원칙을 준용하
여 제작된다. 이런 원칙에 따라 이케아는 합리적인 가격을 유지하
면서도, 더 나은 생활을 이끄는 양질의 제품을 내놓을 수 있다는 맥
락이다. '품질'과 '낮은 가격'의 양립을 쉬이 받아들이지 못하는 비
즈니스 문법을 거부하고, 뚝심 있게 잉바르 캄프라드가 제시한 길
로 전진하고자 하는 것이다.

그뿐만 아니라 이케아는 안전하면서도 친환경적인 먹거리에도 부단히 신경을 쓴다. 고객들이 이케아에서 가구, 생활용품만 구경하는 게 아니라, 쇼핑 과정에서 허기도 채우기 때문이다. 이케아는 식물성 기반 메뉴를 꾸준히 늘려오고 있다. 감자와 완두 단백질 등으로 육류의 식감을 구현한 '플랜트볼'이 대표적인 메뉴다. 커피도 생산자 추적이 가능하고, 사회적 책임을 준수하는 방식으로 재배된 높은 품질의 유기농 커피를 판매한다.

전 세계 이케아 매장 중 한국에서 최초로 선보인 도심형 농장 '파르마레FARMARE'의 존재도 예사롭지 않다. 순환식 수경재배를 통해 깨끗한 먹거리를 만들어 낸다. 농약을 사용하지 않기에 탄소발자국Carbon Footprint 저감에도 기여한다.

친환경 제품과 순환경제 실천

이 외에도 백열등보다 에너지 효율성이 30% 이상 뛰어나고 수명이 20배 긴 LED 전구가 눈에 들어온다. 친환경 소재인 라탄으로 만든 안락의자도 매력적이다. 중고 이케아 가구를 매입한 후 다시 판매하는 중고 거래인 바이백Buyback 서비스도 무분별한 소비, 폐기를 줄여주고 있다. 유럽에는 버려진 매트리스를 수거해 재판매하는 별도의 공장도 설립됐다.

아울러 이케아는 부동산(매장) 자체로도 ESG 경영을 이어가고 있다. 매장에 태양광 패널을 설치하고, 시민들에게 에너지 전환 정보를 제공한다. 차후에는 국내 소재 전 매장에서 '100% 친환경 에너지 사용'이라는 청사진도 밝혔다. 이케아 고양점은 친환경 건축물 인증인 BREEAMBuilding Research Establishment Environmental Assessment Method 등급도 획득했다.

 ESG적 생각

이케아에 가면 피카를 즐길 수 있다. 이케아는 가구, 생활용품만 판매하는 곳이 아니다. 지속가능성이라는 철학을 공유하고자 노력한다. 이케아에서 ESG를 테마로 피카를 즐겨볼 것을 권한다.

"스카 비 피카Ska vi fika?"

모리빌딩의 녹색 철학
'수직 정원 도시'

롯폰기힐스Roppongi Hills. 일본 도쿄의 대표적인 복합단지이자, 도시재생사업의 살아있는 모범 사례이다. 부지면적 약 11만m²의 구시가지를 재개발하여 도심 속 문화 명소로 탈바꿈시킨 이 프로젝트는 도시계획 결정 이후 무려 17년의 세월이 소요됐다.[1] 그만큼 대규모 프로젝트였다. 연간 약 4천만 명이 이곳을 찾는다.

일본의 새로운 랜드마크를 만들어 낸 이 프로젝트를 이끈 곳은 어디일까? 바로 일본의 최정상급 부동산개발업체인 모리빌딩Mori Building Company이다. 2003년 롯폰기힐스의 성공 이후에도 2006년 오모테산도힐스Omotesando Hills, 2014년 도라노몬힐스Toranomon Hills, 2017년 긴자식스Ginza Six 등이 모리빌딩의 손에 의해 재탄생했다. 참

---

1 홍성용. (2015). 『하트마크 - 열림, 떨림, 설렘으로 머물게 하라』. 이새.

고로 국내에도 모리빌딩 지사가 있다.[2]

롯폰기힐스를 세계적인 복합문화공간으로 창조한 역량을 갖고 있는 모리빌딩. 이들에겐 남다른 녹색 철학이 있는데, 그것은 바로 '수직 정원 도시Vertical Garden City'이다. 사상적 연원을 찾아 거슬러 올라가면, 현대 건축의 거장 르 코르뷔지에Le Corbusier의 '수직 도시' 철학과도 맞닿아 있다.

수직 정원 도시의 철학과 특징

'수직 정원 도시'란 어떤 개념을 일컫는 것일까? 인구밀도와 지가地價가 높은 일본의 환경을 고려하여 일단 건물을 높이 세우고 보자는 단순한 논의라고 생각하면 곤란하다. 보다 다층적인 의미를 함유하고 있다. 우리가 생각하는 거리는 대개 평면적으로 펼쳐져 있는 모습이 태반이다. 이런 형태를 입체적으로 변경해 보고자 하는 사고의 전환인 것이다. 이렇게 되면 활용할 수 있는 공간이 이전보다 늘어난다. 그 여유 공간을 공원과 같은 녹지 공간과 유기적으로 연결하는 것이다.

수직 정원 도시의 특징은 크게 세 가지로 구분할 수 있다

2   박희윤. (2024). 『도쿄를 바꾼 빌딩들 - 디벨로퍼와 함께하는 도쿄여행』. 북스톤.

첫째, 입체적 공간 활용으로 도시 밀도를 효율적으로 관리한다.

둘째, 건물과 녹지를 유기적으로 결합하여 지상과 수직 공간 모두에 생태계를 조성한다.

셋째, 사람 중심의 동선과 커뮤니티 공간을 우선적으로 고려한다.

수직 정원 도시를 ESG의 맥락에서 이야기하고자 하는 것은 바로 이 지점이다. 환경(E) 측면에서는 녹지율 증대와 에너지 효율화가 가능하고, 사회(S) 측면에서는 시민의 삶의 질, 공공 공간 확보와 연결된다. 지배구조(G)는 이 같은 도시계획 과정에서 공공-민간 간 협력 거버넌스를 요구한다. 건축 자체만이 아니라 시민과 임차인 및 거주민의 여가, 휴식, 문화, 건강까지 폭넓게 아우르고자 하는 포괄적인 도시공학 접근법이다.

회색 도시의 평면성을 깨고… 도시 설계의 패러다임 전환

기존의 평면적 설계 모델은 과밀화로 이어지기 마련이다. 건물 간 거리에도 여유가 없는 '회색 도시' 그 자체이다. 수직적 시선으로 도시의 디자인을 재구성하면, 공원과 수변을 보다 많이 확보할 수 있다. 층고를 올리고, 시민들이 쾌적하게 느낄 수 있는 동선도 보다 면밀하게 고려한다. 녹지율의 증가로 도시에 거주하는 시민들의 삶의 질은 대폭 개선된다.

환경 부하가 큰 도시에서 친환경적인 공간이 생기는 것이다. 이런 방향의 도시 설계 양식은 저탄소화와 열섬현상 완화에도 혁혁히 기여한다. 전체적으로 에너지 소비가 저감되는 측면 또한 빼놓을 수 없다.

롯폰기힐스의 재개발 과정에서 주민 설득에만 10년이 넘는 시간이 걸렸다는 점도 특기할 만하다. 땅 주인만 500명이 넘었으니, 얼마나 복잡한 이해관계가 얽혀 있었겠는가. 1000번이 넘는 회의가 열렸다. 다양한 이해관계자stakeholders와의 긴밀한 커뮤니케이션, ESG의 Social(사회)에 해당하는 주요 테마다.

물론 이러한 접근법에도 한계가 존재한다. 초기 건설 비용이 높고, 기술적 복잡성으로 인해 모든 도시에 적용하기 어려울 수 있다. 또한 고층 건물이 도시 경관과 풍속에 미치는 영향에 대한 우려도 있다. 따라서 환경적·사회적 편익과 이러한 우려 사항에 대한 정교한 비교 분석이 필요하다. 그럼에도 모리빌딩의 수직 정원 도시는 상업적 성공과 환경·사회적 가치가 공존할 수 있음을 보여주는 좋은 선례다. 미래 도시 개발에서는 이처럼 경제성과 지속가능성을 통합적으로 고려하는 접근법이 더욱 중요해질 것이다.

ESG적 생각

ESG의 무대는 경영학, 경제학에 국한되지 않는다. 건축학, 도시공학, 도시행정학, 부동산학, 조경학에도 ESG의 렌즈가 요구된다. 별생각 없이 거닐던 회사 주변의 거리, 집 근처의 도로에도 ESG의 얼굴이 비친다. 퇴근하며 근무하는 빌딩을 올려다 본다. 우리의 도시 환경에도 생태 전환적인 사고와 태도가 필요하다.

친환경 건축 인증 리드LEED로 리드LEAD하라

국내에서도 LEEDLeadership in Energy and Environmental Design 인증을 받는 사례가 증가하고 있다. 국제적으로 가장 널리 알려진 친환경 건축 평가 및 인증제도 중 하나인 LEED는 미국 그린빌딩위원회USGBC, US Green Building Council가 개발한 것으로 20년 넘는 역사를 자랑한다.[1]

LEED, 친환경 건축의 글로벌 기준

LEED는 에너지 및 자원 절약, 자연환경 보전, 사용자를 위한 쾌적한 환경 제공 등 다양한 측면에서 건축물을 평가한다. 건축물의

1   USGBC 홈페이지 참고.

어느 특정 요소에만 초점을 맞추는 것이 아니라, 큰 그림에서 건축물의 지속가능성을 측정하기 위해 여러 요소를 고려하는 전체론적 시각을 견지한다. 이러한 접근법은 건축물이 환경에 미치는 영향을 종합적으로 평가하고, 단순히 에너지 효율만이 아닌 건물의 전체 수명주기를 고려한 지속가능성을 추구한다는 점에서 의미가 있다. 아울러 '친환경 건축물'이란 단순히 에너지 절약만을 의미하는 것이 아니라 건물의 전 생애주기와 사용자 경험까지 포괄하는 개념임을 보여준다.

평가는 플래티넘Platinum, 골드Gold, 실버Silver, 일반 인증Certified 순의 등급 체계를 갖추고 있으며 만점은 110점이다. 80점 이상이면 최고 등급인 플래티넘, 60점부터 79점까지는 골드, 50점부터 59점까지는 실버, 40점부터 49점까지는 일반 인증을 부여받는다.

LEED의 평가 대상은 도시 및 커뮤니티, 지역 개발ND, Neighborhood Development 등으로 확장될 수 있지만, 이 글에서는 건물 단위로 논의를 한정하기로 한다. 건물 단위도 세부적으로는 BD+CBuilding Design and Construction(신축 또는 대규모 리노베이션), ID+CInterior Design and Construction, O+MBuilding Operations and Maintenance 등으로 나눠서 살펴볼 수 있다.

국내 적용 사례와 그 의미

가령 ESR켄달스퀘어리츠는 고양물류센터에 대해서 2019년 신축 당시 LEED BD+C 골드 인증을 획득했고, 2021년에는 LEED O+M 으로도 골드 인증을 받았다.[2] 이지스자산운용은 2022년 카페와 호텔형 라운지로 조성한 사옥 13층에 대해 LEED ID+C 부문에서 골드 인증을 따냈다.[3] 이처럼 LEED 인증은 건축물의 '친환경 성능'을 수치화하고, 시장에서의 신뢰 자산으로 전환시킨다.

보통 골드 등급 이상을 받는 경우, 해당 기업에서 인증 결과를 미디어에 적극적으로 알리려고 노력하는 경우가 많다. 건축주 혹은 관련 기업의 ESG 경영에 대한 강고한 의지를 드러내기 위함일 것이다.

이러한 기업들의 행보는 표면적인 이미지 제고를 넘어, 투자자와 이해관계자들에게 ESG 실천에 대한 구체적 증거를 제시한다는 점에서 중요하다. 실제로 글로벌 투자시장에서는 LEED와 같은 공인된 친환경 인증이 투자 의사 결정의 중요한 지표로 자리 잡고 있다.

LEED를 단순한 홍보 도구로 치부하는 것은 곤란한다. ESG가 단순한 선행이 아닌 '투자'의 논리와 연결되어 있듯이, LEED 또한 '투

---

2   강구귀. (2021). "ESR켄달스퀘어리츠, '고양물류센터' 글로벌 친환경 건축물 인증". 파이낸셜뉴스, 9.15.
3   구경민. (2022). "이지스자산운용 사옥, 친환경 건물 인증 'LEED Gold' 획득". 머니투데이, 2.28.

자자'의 렌즈로 독해할 수 있다. LEED 인증을 취득한 건물에 대해서는 임대료 상승과 공실률 최소화를 기대해 볼 수 있다. USGBC에 따르면, LEED 인증 건물의 임대율은 여타 건물의 평균치보다 약 20% 높은 것으로 나타났다. 이는 임대 수익의 증감과 직결되는 요소다.

LEED 인증을 준비하기 위해서는 친환경 자재 사용 등으로 인해 초기 비용은 증가할 수 있다. 그러나 우량 임차인 유치와 자산 가치의 구조적 상승을 감안할 때, LEED는 투자적 관점에서도 합리적인 전략이 될 수 있다.

최근 들어 테넌트tenant(건물 이용자·임차인)들 또한 LEED와 같은 친환경 인증을 획득한 건물을 선호하는 경향이 늘고 있다. 근로자의 생산성 향상과 브랜드 가치 향상 측면에서, 임차인 역시 지속가능 건물에 가치를 둔다. 친환경 건물에서 근무하는 입주자들의 업무 생산성 증대와 근로 만족도 제고 등으로 이런 트렌드는 당분간 지속될 것으로 보인다.

어떤 평가체계나 마찬가지이겠지만, LEED도 항목 구성상의 한계점이 존재한다. 무엇보다 LEED가 국내 건축 환경과 기후 조건, 법적 규제 등을 완벽히 반영하지 못하는 측면이 있다. 예를 들어 한국의 공동주택(아파트) 중심 주거 문화나 고밀도 도시 환경에서의 적용에는 일부 어려움이 존재한다.

인증 획득에 상당한 비용과 시간이 소요되어 중소기업이나 소규모 프로젝트에서는 진입장벽으로 작용할 수 있다. 또 LEED 등급이 높다고 해서 곧바로 해당 건축물의 에너지 효율이 높다고 100% 확언할 수는 없다. 에너지 외의 다른 부문에서 점수를 많이 받았을 수도 있기 때문이다.

그럼에도 ESG 철학이 추동하는 경영 패러다임의 거센 변화 속에서 현대인이 대부분의 시간을 보내는 건축물에 대한 관심과 개선 요구는 앞으로 더욱 커져만 갈 것이다. 아직 국내에서 LEED와 같은 친환경 건축물 인증의 역사는 일천하기 짝이 없다. 지금부터라도 이런 평가체계에 대응하는 근육을 길러야, 국내외 기관투자가들에게 추후 외면받는 일을 방지할 수 있다.

앞서 살펴본 LEED의 한계점에도 불구하고, 이를 효과적으로 활용하기 위한 전략적 접근이 필요하다. 기업의 실무자들은 LEED 인증을 준비할 때 다음 세 가지 측면에 주목할 필요가 있다.

첫째, 건물의 설계 단계부터 LEED 인증을 고려하는 '통합 설계 프로세스'를 도입해야 한다. 사후 대응보다 사전 계획이 비용 효율적이다. 둘째, 에너지 모델링과 시뮬레이션을 통해 장기적 운영비용 절감 효과를 정량화하여 의사결정권자를 설득하는 데 활용해야 한다. 셋째, 국내 상황에 맞는 LEED 전문 컨설턴트와 협업하여 효율적인 인증 과정을 설계해야 한다.

어떤 건축물이 열섬현상을 완화하는 데 적합한 주차시설을 갖췄고 수자원을 절약하는 방향으로 조경을 디자인했는지, 건설 폐기물의 재활용도는 어느 정도인지, 에너지 절감 기술의 도입으로 얼마나 에너지 효율이 개선됐는지 등을 보다 면밀히 따져봐야 하는 시대가 도래했다.

도시 차원으로 확장되는 LEED의 영향력

주목할 점은 LEED의 영향력이 민간 기업을 넘어 공공부문으로까지 확대되고 있다는 사실이다. 광역지자체 차원에서도 LEED 인증에 대한 관심이 고조되고 있는데, 특히 서울시는 2023년 USGBC와 '서울시 친환경 도시개발 인증체계 구축'을 위한 업무협약을 체결했다.[4]

오세훈 서울시장이 직접 뉴욕 맨해튼의 세계무역센터 단지를 시찰하고 피터 템플턴Peter Templeton USGBC 회장과 면담하여 서울의 고유한 특성에 맞는 지역 단위 친환경 인증체계 구축 방안을 논의했다는 사실은 LEED가 이제 개별 기업의 관심사를 넘어 도시 경쟁력의 핵심 요소로 부상했음을 시사한다.

---

4   권혁진. (2023). "'서울형 LEED' 만든다…서울시, 세계적 친환경 인증기관과 협력". 뉴시스, 9.20.

세계 주요 메가시티 중 하나인 서울이 자체적인 LEED 지역 개발 인증체계를 구축하려는 시도는 LEED가 단순한 건물 인증을 넘어 도시계획과 지역 개발의 지속가능성까지 포괄하는 글로벌 스탠더드로 진화하고 있음을 보여준다. 이는 향후 국내 LEED 적용의 폭과 깊이를 확장하는 중요한 전환점이 될 것이다.

 ESG적 생각

앞으로는 LEED 인증을 위한 기업 간의 경쟁이 지금보다 활발해질 것이다. ESG 실사를 더욱 철저히 하고, 기후변화 리스크에 선제적으로 대응해야 한다. 지속가능한 건물에 지속가능한 기업이 모여들 것이다. 서울이라는 인구 천만의 거대도시가 LEED를 도시 브랜드의 핵심 요소로 주목한 사례는 앞으로 다른 지자체와 기업들에도 중요한 이정표가 될 것이다. 리드LEED로 업계를 리드LEAD하는 기업이 많아지길 바란다.

미술관이 된 백화점,
신세계의 아트 비즈니스

쇼핑 공간 속 갤러리. 도심의 어느 백화점을 다녀온 뒤 스친 생각이다. 미술 작품을 미술관에서만 볼 수 있는 시대는 지났다. 보통 쇼핑과 외식을 즐기러 가는 백화점에서 멋진 그림도 볼 수 있고, 구매까지 할 수 있다. 특정 층의 특정 공간에 한정되는 것이 아니어서 각 층의 진열 공간을 찾아다니는 재미도 있다. 아트와 게이미피케이션gamification의 절묘한 조화다.

기업이 문화예술 활동에 투자하는 것은 전통적으로 메세나Mecenat 활동의 일환으로 여겨져 왔다. 과거에는 이러한 활동이 주로 기업의 인식 개선과 사회공헌 차원에서 이루어졌지만, 최근에는 전략적 ESG 경영의 핵심 요소로 진화하고 있다. 특히 Social(사회) 영역에서 기업의 문화예술 지원은 지역사회 발전과 문화적 다양성 촉진에 기여하는 핵심 활동으로 평가받는다.

블라썸 아트페어 : 백화점의 예술적 변신

신세계백화점은 본점에서 '블라썸 아트페어Blossom Art Fair'라는 이름의 이색적인 전시회를 연다. 2020년에 처음 시작된 이 아트페어는 2024년으로 7회차를 맞이했다. 백화점에서 아트페어를 열었다고 하니, 정통 미술관에 걸리는 유명한 그림과는 질적으로 차이가 있지 않을까 의구심을 가지는 사람이 있을 수도 있겠다. 얕은수의 마케팅이라고 오해하는 이도 있을지 모르겠다.

백화점 내부를 조금만 거닐다 보면 그런 걱정은 일거에 해소된다. 한국 단색화의 거장 박서보, 한국 생존 작가 중 미술시장에서 작품 가격이 가장 비싸다고 평가받는 이우환부터 현대미술의 악동 데미안 허스트, 현대 회화의 거장 알렉스 카츠, 추상미술 대가 스탠리 휘트니, 여성 아티스트 역대 경매 낙찰가 1위의 쿠사마 야요이까지. 라인업이 예사롭지 않다. 임지민, 김한나 등 신진작가의 작품도 소개된다.[1]

작품의 가격대도 다양하다. 수천만 원짜리 작품도 어렵지 않게 볼 수 있다. 전시회 동안 전문적인 지식을 가진 큐레이터가 현장에 상주한다. 그림에 대한 여러 궁금증을 가진 고객을 위해 깊이 있는 상담을 해주는 것이다.

---

1   당연히 아트페어의 매년 라인업에는 차이가 있다. 위의 리스트는 2022년 아트페어 기준이다.

백화점 바깥도 전시 공간으로 활용된다. 외벽의 대형 스크린에 예술작품의 대체불가능토큰NFT 영상을 송출하는 미디어 아트도 선보인다. '박물관이 살아있다!', 아니 '백화점이 살아있다!' 백화점이 살아 숨 쉬는 미술관이 된 것이다.

이러한 활동은 ESG 경영의 관점에서 중요한 의미를 갖는다. 첫째, 공공 공간의 문화적 접근성을 높임으로써 예술 향유 기회의 확대에 기여한다. 둘째, 미술관이나 전시장을 별도로 건설하지 않고 기존 상업 공간을 활용함으로써 자원 효율성과 환경 부담 감소 효과를 창출한다. 셋째, 기업의 장기적 가치 창출을 위한 문화 자본 축적 전략으로서 지속가능한 비즈니스 모델 혁신에 기여한다.

신세계는 업계에서 보기 드물게 갤러리팀을 만들었고, 임원급 조직으로까지 격상했다. 서울대학교 미술대학 서양화과 출신의 상무가 전시회의 기획을 총괄했다. 당장의 매출 진작에만 급급하기 십상인 유통업계에서 보기 드문 장면이다. 미술품 경매회사에 대한 지분 투자를 단행하기도 했다. 아예 회사 사업목적에 '미술품 전시·판매·중개·임대업 관련 컨설팅업'을 추가했다.[2] 신세계에 '아트 비즈니스'는 잠깐의 유행이 아닌 중점 사업인 것이다.

---

2   유현욱. (2021). "명품관서 그림을?..미술품 판매 팔 걷은 백화점". 이데일리, 10.7.

지역 문화 발전을 위한 장기적 투자

광주에서는 20년 넘게 미술제를 운영해 오고 있다. 광주와 전남·전북에서 활동하거나 지역 출신 작가라면 연령, 자격 제한 없이 공모할 수 있다. 1995년에 시작한 '광주신세계미술제'를 통해 서미라, 이구용, 윤남웅, 박수만과 같은 역량 있는 작가가 지역에서 배출됐다.

이런 유의미한 공익적 역할을 학교나 공익재단이 아니라, 백화점을 운영하는 사기업이 맡은 것이 이채롭다. 새로운 형태의 지역 상생이자, 예술과 접목한 희소한 ESG 활동이다. 지역 예술인 육성과 문화적 다양성 증진은 기업의 사회적 책임 이행의 좋은 예시다. 지역 기반 문화예술 지원은 단기적 성과보다 장기적 관점에서 지역 문화 생태계 조성에 기여한다는 점에서 뜻깊다. 참고로 '광주신세계'는 업계 최초로 현지 법인으로 설립되었다.

신세계백화점 강남점 3층은 이름 자체가 '아트 스페이스'다. 오프라인 유통이 위기를 맞고 있다는 비관적 전망이 가득한 요즘, 일단 고객을 매장 안으로 불러들이는 것이 핵심 과제일 터인데, '아트'는 고객을 불러들이는 새로운 무기가 되고 있다. 신세계백화점은 아트 스페이스를 통해 고객에게는 '문화적 경험'을, 작가에게는 '전시 기회'를, 기업에는 '브랜드 가치 상승'이라는 삼중의 가치를 창출하고 있다.

백화점이 단순히 '우아하게' 보이기 위해서 이런 행보를 걷고 있는 것은 아니다. 물론 백화점이 고급스러운 이미지를 지향하는 장소이니 고객의 다채로운 취향을 고려한 프리미엄 전략의 일환으로 볼 수도 있다. 하지만 국내 미술시장의 규모가 1조 원을 돌파[3]할 정도로 성장한 측면을 빼놓을 수 없다. 최근에는 '아트테크(예술+재테크)'라는 말이 생겨날 만큼, 미술품이 주요한 투자 대상으로 부상했다. 관람만 하고 끝나는 것이 아니라, 구매 후 추후 차익까지 고려하는 경제학의 영역이 된 것이다. 주된 고객의 연령대도 MZ 세대로 확대되었다.

앞으로 아트 비즈니스는 더욱 다양한 형태로 발전할 것으로 예상된다. 디지털 기술과 융합한 몰입형 예술 경험 제공, 지속가능한 예술 생태계 구축을 위한 아티스트 육성 프로그램 강화, 그리고 예술을 통한 환경 문제 인식 확산 등 ESG의 모든 영역에서 혁신적인 시도가 계속될 것이다.

3   대홍기획 데이터인사이트팀, 강승혜, 이수진, 채수정. (2024). 『세대욕망 - 알파에서 베이비부머까지 데이터로 읽어낸 욕망의 방향』 한즈미디어(한스미디어).

아트노믹스 시대의 새로운 경쟁 구도

백화점이라고 하면 '오픈런'이라는 단어가 언론에 연관어로 많이 등장한다. 말 그대로 오픈 시간을 기다렸다가 빠르게 달려가 물건을 구매한다는 의미이다. 대개 '에루샤(에르메스·루이뷔통·샤넬)'와 같은 명품 브랜드에 국한된 용어였다.

이제는 인기 있는 미술 작품을 백화점에서 구매하기 위해 오픈런을 하게 되는 세상이 도래했다. 신세계백화점은 롯데백화점, 현대백화점과 같은 동종업계의 경쟁 회사뿐 아니라 유수 미술관과도 치열한 경쟁에 직면하게 됐다. 역으로 미술관도 마찬가지다. 아트노믹스Art+Economics의 시대, 마케팅의 궤도가 바뀌고 있다.

 ESG적 생각

신세계는 사회적 가치(문화 접근성 확대)와 경제적 가치(차별화된 고객 경험)를 동시에 창출하는 모델을 구현하고 있다. 특히 광주지역에서 20년간 지속해 온 미술제 운영은 지역 문화생태계 구축이라는 장기적 사회적 임팩트를 달성했다는 점에서 주목할 만하다. 이는 기업의 ESG 활동이 일회성 이벤트나 기부에 머물지 않고, 지역사회와의 지속적 파트너십을 통해 실질적 변화를 만들어 낼 수 있음을 보여주는 교훈을 제시한다.

건물이 품은 탄소중립의 열쇠,
건물 온실가스 총량제의 도전과 가능성

기후변화가 더 이상 먼 미래의 위협이 아닌 현실이 되면서 온실가스 감축은 국가적 과제를 넘어 도시와 개인의 과제가 되고 있다. 그런데 우리가 매일 생활하는 공간, 바로 '건물'이 온실가스 배출의 주범이라는 사실을 아는 이는 생각만큼 많지 않다.

도시의 숨은 온실가스 배출원 '건물', 71%의 경고음

서울시만 들여다봐도 전체 온실가스 배출량의 약 71%가 건물에서 발생한다. '바퀴 달린 것들(수송)'의 비중은 20%에도 미치지 못한다. 건물은 도시의 숨은 온실가스 배출원인 것이다. 이는 서울만의 특수성이 아니다. 뉴욕, 런던, 도쿄 등 대부분의 글로벌 대도시에서도 유사한 패턴을 보인다. 세계의 주요 도시들이 건물 부문 온실가스 감축에 사활을 걸고 있는 이유다.

　서울시의 온실가스 배출은 2000년대 후반 이후 감소세를 보이며 2020년에는 2005년 대비 약 13% 감소했다. 언뜻 보기에 긍정적인 성과처럼 보이지만, 세부 내용을 살펴보면 상황은 녹록지 않다. 건물 부문의 온실가스 배출량은 3% 감소에 그쳤고, 상업용 건물은 되레 6%, 공공건물은 4% 증가했다. 이는 건물 부문 온실가스 감축의 시급성을 보여주는 유의미한 지표다.

　서울시의 경우 지난 20년간(2000~2020년) 건물 연면적이 74%나 증가했고, 현재 전체 건축물의 절반 이상(53.3%)이 30년 이상 된 노후 건축물인 상황이다.

　구축 건물의 에너지 관리가 제대로 이루어지지 않고 있다는 점도 문제다. 노후 건물의 단위 면적당 온실가스 배출량은 신축 건물의 갑절 이상이다.[1] 노후화되거나 환경 문제가 있는 건물의 자산 가치가 하락하는 '브라운 디스카운트brown discount'의 그림자가 드리우는 지점이다.

　기후위기 대응의 성패는 이제 우리가 매일 발을 딛는 바로 그 공간에 달려 있다. 서울시는 노후 건물의 에너지 효율 개선을 목표로

1　　황인창. (2024). 건물 온실가스 총량제 감축 목표와 실행 수단. 서울연구원.

장기 무이자 융자 지원과 단열 효율성이 높은 제품으로 교체하는
사업을 추진한다는 구상을 갖고 있다.

규제의 패러다임 전환,
건물 온실가스 배출 관리의 새 지평

이에 서울시는 '건물 온실가스 총량제'를 단계적으로 도입한다.
이 제도는 일정 규모 이상 건축물에 온실가스 배출허용량을 설정하
고, 초과 시 에너지 효율을 개선하는 감축 의무를 부과한다. 건물의
총 배출허용량은 단위 면적당 배출 기준에 면적을 곱한 값이다.

건축물 용도를 12개 유형(업무시설, 문화 및 집회시설, 숙박시설, 공장,
의료시설 등)으로 분류하고, 유형별로 단위 면적당 온실가스 표준배
출 기준을 설정해 배출 총량을 관리하는 형태로 운영된다. 건물 에
너지 패러다임의 대전환을 가져올 정책인 셈이다.

기존의 건물 에너지 신고제는 에너지 사용량에 대한 자가진단을
통한 자율감축을 유도한다. 건물 에너지 등급제는 용도와 연면적에
따라 단위 면적당 목표에너지 사용량 기준을 설정하고, 건물별로 A
부터 E까지 등급을 부여한다. 이를 공개함으로써 에너지 효율화를
유도한다는 취지다.

이와 같은 건물 에너지 신고제와 건물 에너지 등급제는 자율 참여 방식이라 감축 효과가 5% 미만에 불과하다는 평가를 받고 있다.[2] 단순 등급 분류만으로는 온실가스 감축 효과를 기대하기 어렵다는 의미다. 총량제는 이러한 한계를 극복하고 구속력 있는 제도로 실효성을 높이는 접근법이다.

다만, 일각에서는 총량제가 부동산 시장과 경제에 미치는 영향에 대한 우려도 제기하고 있다. 노후 건물의 경우 에너지 효율 개선에 상당한 비용이 소요되며, 이로 인한 건물주의 부담이 임대료 상승으로 이어질 가능성이 있다. 또한 에너지 효율 개선 공사 중 발생하는 영업 손실과 임차인의 불편도 고려해야 할 요소다. 이러한 우려를 해소하기 위해서는 단계적 적용과 충분한 지원 제도의 마련이 필수적이다.

녹색건축물, 법제화 넘어 운영의 지속가능성이 관건

2012년 녹색건축물 조성 지원법(약칭 녹색건축법)이 제정되었다. 녹색건축법은 녹색건축물의 조성에 필요한 사항을 정하고, 건축물

---

2   오유진. (2024). "건물 부문 탄소중립 수단 '건물 온실가스 총량제'…기대 효과는". 전기신문. 11.3.

온실가스 배출량 감축과 녹색건축물의 확대를 통하여 녹색성장 실현 및 국민의 복리 향상에 기여함을 목적으로 한다. 여기서 녹색건축물은 '건축물과 환경에 미치는 영향을 최소화하고 동시에 쾌적하고 건강한 거주환경을 제공하는 건축물'을 가리킨다.

다만 우리가 유념해야 하는 부분은 건축 및 기획 단계뿐 아니라 실제 운영 단계에서의 에너지 절감이다. 초기에 제아무리 고도의 선진 기법이 적용되어도, 준공 후 건물 운영 과정에서 온실가스 배출량 관리가 정교하게 이뤄지지 않으면 의미가 반감된다. '지속가능한' 녹색건축물로 운영되기 위해서는 '지속가능한' 관리와 전략이 긴요하다. 성능평가 및 검증M&V·Measurement&Verification의 중요성은 아무리 강조해도 지나치지 않다. 규제 측면에서도 신축 규제뿐 아니라, 실제 배출량 기반의 관리제도에 힘을 쏟아야 하는 것과 연결된다.

한국은 2050년 탄소중립 목표를 달성하겠노라 선언했지만, 건물 부문의 감축은 더디기만 하다. 현행 제도는 기업 단위로 관리되어 개별 건물의 특성을 반영하지 못한다. 건물의 수명이 30~50년 이상인 점을 고려하면, 지금 건물 부문의 탄소 배출을 줄이지 않으면 2050년 탄소중립 달성은 요원하다.

게다가 서울시는 당장 2033년까지 서울의 온실가스 배출량을 2005년(5,234만t) 대비 절반(2,567만t)으로 줄이겠다고 천명한 형국이다.[3] 2024년 서울시는 '서울시 탄소중립·녹색성장 기본계획'을 발표했는데, 건물 온실가스 맞춤형 관리와 교통 수요관리·친환경 자동차 확대, 청정에너지로의 전환 등을 골자로 한다. 이 계획의 성공을 위해서는 시민 참여와 산업계의 동참이 필수적이며, 행정적 토대 강화와 함께 재정 지원 확대, 기술 혁신 촉진 등 다각적인 지원 체계가 뒷받침되어야 할 것이다.

그린 프리미엄 : 규제가 창출하는 새로운 가치

건물 온실가스 총량제는 기업 경영 측면에서 규제 리스크를 혁신 기회로 전환할 수 있는 전기가 될 것이다. 총량제 도입으로 에너지 효율화 기술, 스마트 빌딩 솔루션, 친환경 건축자재 등 새로운 비즈니스 생태계 형성에 가속도가 붙게 된다. 단열재, 고효율 설비, 재생에너지 시스템, 건물 에너지 관리 시스템BEMS·Building Energy Management System 등에 대한 수요가 증가하면서 관련 산업이 성장할 전망이다. 더불어 에너지 효율 개선은 냉난방 비용 감소로 이어져 건물 이용자의 경제적 부담도 줄여줄 수 있다.

---

3   김보미. (2024). "20년 전 5,345만t 달했던 서울 '온실가스'…2033년 2,567만t으로 줄인다". 경향신문, 5.6.

환경 성과가 우수한 부동산이 더 높은 자산 가치와 임대료 프리미엄을 누리는 '그린 프리미엄green premium'도 이야기하지 않을 수 없다. 이러한 경제적 이점을 제도적으로 뒷받침하기 위해서는 이해관계자 의견 수렴과 전문가 의견 청취 과정이 중요하다.

건물 온실가스 총량제가 효과적으로 시행되기 위해서는 제도의 유연성을 확보하는 것에도 신경을 기울여야 할 터이다. 건물은 다양한 이해관계자가 사용하는 공간이며, 건물에 따라 에너지 이용 형태도 제각각이다. 따라서 각기 다른 니즈와 고충을 섬세하게 분석하고, 이를 제도 설계에 반영함으로써 실행 가능한 감축 목표와 현실적인 이행 방안을 마련해야 한다. 이러한 맞춤형 접근은 규제의 효과성을 높이는 동시에 이해관계자들의 자발적 참여를 견인하는 발판이 될 것이다.

서울시의 건물 온실가스 총량제 도입은 다른 지자체에도 중요한 선례가 될 터이다. 뉴욕 등 여타 도시의 경험은 서울을 비롯한 국내 다른 도시들에 값진 교훈을 제공할 수 있다. 뉴욕에서 건물 소유주 그룹이 지방법 97조Local Law 97에 대해 제기한 소송이 기각된 것은 시사하는 바가 크다. 원고 측은 주 정부 규제와 중복된다는 점, 과도한 벌금과 소급 적용으로 부동산 소유자의 권리 침해가 심대하다는 점, 새로운 세금 성격이라는 점 등을 소송의 주된 논거로 제시했다.

그러나 뉴욕주 대법원은 지자체(뉴욕시)가 온실가스 배출을 규제

할 수 있는 권한을 폭넓게 갖는 것으로 판단했다. 벌금의 규모, 방식 또한 입법과 재량의 영역이고, 소급 적용이라기보다는 새로운 이슈에 대한 지자체의 정당한 행정으로 해석한 것이다.

탄소중립으로 가는 공동의 여정, 정부·기업·시민의 삼중주

성공적인 제도 정착을 위해서는 정부, 기업, 시민의 긴밀한 협력이 필수적이다. 정부는 법적·제도적 기반을 확립하고 인센티브와 페널티를 합리적으로 정비해야 한다. 기업과 건물 소유주는 에너지 효율 개선과 신재생에너지 도입에 적극 나서야 한다. 시민들은 에너지 절약과 친환경 생활 방식으로 탄소중립에 동참해야 한다.

건물 온실가스 총량제를 도입하는 과정에서 부딪히는 과제도 면밀하게 파악해서 이 제도를 보다 발전적으로 끌고 가기 위해 진력해야 한다.

가장 먼저 제기될 수 있는 문제점은 재정적 부담이다. 현실 세계에서는 대의에 호소하는 슬로건만으로는 해결되는 것이 거의 없다. 감축 수단 도입을 위해서 소요되는 비용, 경우에 따라 건물을 이전하거나 이용 중단을 하면서 야기되는 비용 등을 감안하면 부담이 만만찮다. 친환경 및 에너지 절감에 대한 투자를 회수할 수 있는 기간이 분명치 않기도 하다.

두 번째는 건물을 둘러싼 다양한 이해관계자stakeholders 간에 노정되는 입장 차이다. 감축 이행 의무가 건물주에게 부과되는 구조 아래에서는, 테넌트가 감축 노력을 할 유인이 부족하다. 또한 에너지 효율 개선을 위한 투자와 노력의 수혜자는 건물주라기보다는 테넌트이므로, 건물주 입장에서 투자 유인이 더 명확해질 필요가 있다.

세 번째는 기술적·전문적 역량의 부족이다. 온실가스 감축을 위한 건물 에너지 효율화는 고도의 기술과 전문성을 요구하는 분야다. 그러나 국내 건설 및 부동산 산업에서는 이러한 전문인력과 기술이 아직 충분히 확보되지 못한 상황이다. 특히 중소 건물주나 지방 도시의 경우 이러한 격차가 더 크게 나타날 수 있어, 형평성 문제가 제기될 수 있다.

제도의 내실 있는 운영을 위해서는 다각도의 지원이 필요하다. 보조금, 금융지원 등의 재정적 지원과 기술 지원 및 컨설팅, 교육 지원(전문가 양성 프로그램 운영, 이해관계자 대상 교육 등), 행정 지원 등 비재정적 지원 또한 절실하다. 아울러 제도적 기틀을 다지는 것이 시급하다. 산업통상자원부의 '에너지이용합리화법'과 국토교통부의 '녹색건축물 조성지원법' 개정을 통해 총량제 시행의 동력을 더욱 공고히 해야 한다. 지자체의 관리 권한 확대에 방점이 찍혀야 할 것이다.

민간 참여를 유도하는 '당근'도 중요하다. 감축 노력을 기울인 건물주에게 용적률 완화, 취득세 감면, 저금리 대출 등 녹색 금융 혜택을 제공하고, 임차인들에게도 전기요금 절감 등 실질적 혜택이 돌아가야 한다.

아울러 국내에도 건물 온실가스 감축을 위해 건물 커미셔닝 commissioning을 포함한 종합적인 가이드라인이 필요하다. 건물 커미셔닝은 기후적 요소를 고려하여 건축물의 냉방, 난방, 공조, 조명 등 건축물의 설비 시스템을 최적으로 운영하도록 체계화하는 과정이다. 이는 건물이 최초에 설계 및 계획 의도대로 설치되고 운영될 수 있게 할 뿐만 아니라, 전반적인 성능을 향상하는 데 중점을 둔다.

해외 사례에 따르면, 커미셔닝을 통해 기존 건물은 전체 에너지의 16%, 신축 건물은 13%의 에너지를 절감할 수 있는 것으로 나타났다.[4] 이는 커미셔닝이 설비 관리 측면뿐 아니라, 국가 온실가스 감축 목표 달성에도 상당한 기여를 할 수 있음을 시사한다.

---

4   조영흠. (2024). "서울 건축물도 온실가스 절감 나서야". 매일경제, 11.11.

미국에서는 1989년 미국 난방냉동공조학회ASHRAE·American Society of Heating, Refrigerating and Air-Conditioning Engineers가 커미셔닝 가이드라인을 발표했으며, 제도 개정과 관련 활동을 활발하게 추진해 오고 있다. 국내에서도 국내 건축물 특성과 현실적 조건을 입체적으로 고려한 표준 지침을 보다 정교화해야 한다. 이를 건물 온실가스 총량제와 연계한다면 정책의 효용성을 크게 높일 수 있을 것이다.

지구보다 빠른 서울의 열기, 건물에서 찾는 냉정한 해법

기후변화의 영향은 지구 전체에 고르게 나타나지 않는다. 서울의 평균기온 상승 폭은 지구 평균기온의 상승 폭보다 크게 높다. 1900년대 초반 이후 지구 평균기온은 약 1.5℃ 증가했는데, 같은 기간 서울의 평균기온은 약 3℃ 증가했다. 서울이 더 빠르게 뜨거워지고 있는 것이다.

건물 온실가스 총량제는 기후변화 대응을 위한 필수 정책이다. 강력한 제도 시행과 민간의 적극적 참여를 통해 서울이 탄소중립 도시로 나아가는 데 중요한 역할을 할 것이며, 다른 지자체로 확산 시 국가 탄소중립 정책의 기폭제가 될 수 있다.

도시 경쟁력과 탄소중립의 교차점

건물 온실가스 총량제의 성공을 위해서는 정보의 투명성과 데이터 기반 의사 결정이 핵심이다. 건물 에너지 사용 데이터를 실시간으로 모니터링하고 분석할 수 있는 디지털 인프라 구축이 필요하다. 블록체인, IoT, AI 등 첨단기술을 활용한 스마트 에너지 관리 시스템은 이러한 정보 투명성의 기초가 될 것이다.

건물 부문 온실가스 배출 관리는 대부분의 지자체에서 탄소중립 목표를 달성하기 위해 반드시 다루어야 하는 영역이다. 근시안적 접근만으로는 건물 부문에서 탄소 배출량을 획기적으로 감축하기 어렵다. 지자체의 탄소중립 목표가 진정성 있는 것이라면, 개별 건물을 대상으로 하는 온실가스 총량제를 검토하고 지역 특성에 맞는 시행 방안을 고안해 도입해 나가야 한다. 서울의 움직임을 넋 놓고 보고만 있을 수는 없지 않은가.

건물 온실가스 총량제는 단편적 규제가 아닌 건물 부문의 저탄소 전환을 위한 종합 정책 패키지다. 이를 통해 환경적, 경제적, 사회적 가치를 동시에 창출하는 지속가능한 도시 발전 모델을 구축할 수 있다. 결국 탄소중립 목표 달성의 열쇠는 건물이 쥐고 있다. 기후위기 시대, 건물에서부터 촉발되는 혁신이 우리의 미래를 바꿀 것이다.

우리가 매일 일하고 생활하는 공간에서 발원하는 변화는 환경보호의 메시지를 뛰어넘어 도시의 경쟁력과 지속가능성을 좌우하는 핵심 요소가 되었다. 건물 온실가스 총량제는 이러한 전환의 핵심 정책이다. 도시의 미래와 기업의 성장 동력, 그리고 시민의 삶의 질은 이제 건축 환경을 중심으로 전개되는 탄소중립 여정과 불가분의 관계에 있다.

 ESG적 생각

기후위기의 시계는 거꾸로 돌아가지 않는다. 우리가 서 있는 건물이 곧 미래를 짓는 토대이다. 도시의 온도를 낮추는 것도, 지구의 미래를 바꾸는 것도 결국 우리의 일상을 지탱하는 건물에서 시작된다. 건물 온실가스 총량제는 규제를 넘어 도시의 미래에 대한 청사진이자, 우리 모두의 지속가능한 삶을 위한 공동의 약속이다.

굿윌스토어와 굿백

주말에 아내와 나는 상태는 좋지만, 이런저런 이유로 입지 않은 옷들을 정리했다. 옷가지들을 쇼핑백에 담아 '굿윌스토어Goodwill Store'로 향했다. 굿윌스토어는 '자선이 아닌 기회를'이라는 캐치프레이즈를 내세우는 장애인 직업재활시설이자, 개인이나 기업이 기증한 물품을 합리적인 가격에 판매하는 사회적 기업이다. 수익금은 발달장애인 직원을 고용하고 교육하는 데 쓰인다.

필자가 재직 중인 회사는 물품 기부 캠페인을 전개하며 굿윌스토어와 인연을 맺은 바 있다. 캠페인 준비 과정에서 굿윌스토어 매장에 직접 방문해 담당자들과 미팅을 진행했다. 현장에서 본 장애인 직원분들의 열정적인 모습이 인상적이었다. 이들은 기증받은 물건을 분류하고 손질하는 작업을 수행한다. 그때 다짐했다. 회사 업무와 별개로 집 근처의 굿윌스토어를 종종 찾아가기로.

이번에는 아이도 함께 갔다. 매장에는 우수한 품질의 중고 상품뿐 아니라 기업에서 기증한 새 제품도 많았다. 의류뿐 아니라 도서, 장난감, 식음료 등 종류도 다양했다. 기증하러 방문하는 것이 제일 좋겠지만, 쇼핑 목적으로도 와볼 만한 곳이라는 생각이 든다. 곳곳에 '득템'의 기회가 존재한다. 굿윌스토어는 ESG 가치를 직접 체험하는 공간이기도 하다. 직장인들도 주말 쇼핑이나 가족 활동으로 방문하며 지속가능한 소비에 대해 생각해 볼 기회를 가질 수 있다.

기부자와 이해관계자들에 대한 책임감의 표현

'우리는 장애인이 일자리를 통해 경제적 자립을 할 수 있도록 돕습니다'라는 비전을 표방하고 있는 굿윌스토어의 지난 성과를 복기해 보자. 2023년 굿윌스토어는 8개의 매장을 신규로 오픈하고, 60여 명의 장애인을 추가로 고용했다. 기증품 수는 2천만 개를 상회하고, 기부 환산금액은 640억 원을 넘어선다.[1]

온실가스 저감 효과는 약 4천 4백만 kg에 달한다. 굿윌스토어 기증 물품의 약 7할이 의류이다. 이를 고려해 면 티셔츠가 재활용(기증)되었을 경우 이산화탄소 저감 효과를 측정해 산출한 값이다. 물

---

1   굿윌스토어 매거진 〈함께 사는 세상〉 2024년 봄호(39호).

절감 효과는 560억L를 훌쩍 넘는다. 이 또한 티셔츠 한 장을 만드는 데 약 2700L의 물이 필요한 것을 감안해 계산했다.

2023년 연간 기증자 수는 11만 8천여 명, 연간 기업 및 단체 수는 4천 4백여 개, 연간 자원봉사자 수는 4천 6백여 명이다. 기증자와 참여 기업에 작은 돌을 하나 올렸다는 데 뿌듯함을 느낀다.

대기업처럼 ESG 전담팀이나 충분한 전문인력을 갖추지 못한 상황에서도, 굿윌스토어가 자체 매거진을 통해 주요 성과를 투명하게 공시하고, 그 측정 방법론까지 체계적으로 정리해 제시하는 점은 주목할 만하다. 이는 그들이 성과 공개에 자신감을 갖고 있음을 보여주며, 동시에 기부자와 이해관계자들에 대한 책임감의 표현으로도 읽힌다.

본 글에 인용된 대부분의 수치는 이 매거진에 근거한 것으로, 다른 사회적 기업이나 중소규모 조직들도 굿윌스토어의 투명성과 성과 측정 접근법을 벤치마킹할 가치가 있다. 물론 제한된 인력과 예산 등 현실적 제약을 고려한 단계적 접근이 필요하겠지만, 규모와 관계없이 모든 조직이 추구해야 할 ESG 경영의 핵심 가치인 투명성과 책임성을 보여주는 사례다.

ESG적 생각

기증을 마치고 재사용 원료를 사용해 제작한 친환경 비닐 '굿백Good Bag'을 받아왔다. 최근 리뉴얼했다고 한다. 이전보다 내구성이 높아졌고, 더 많은 물건을 담을 수 있게 됐다. 이름에서 알 수 있듯, 이 봉투에 물건을 담아 굿월스토어에 기증하면 장애인 일자리 창출에 기여할 수 있고 환경보호에도 도움을 줄 수 있으니 말 그대로 '굿백'이다(실제로 굿월스토어에는 10년 넘게 장기근속하는 장애인 직원들도 적지 않다).

'굿백Good Back'의 의미도 있다. 기증 봉투를 깨끗이 사용해 돌려주면, 또 다른 봉투나 제품으로 만들어진다는 메시지다. 굿월스토어는 이런 철학 아래 매장에서 일회용 비닐봉지를 제공하지 않는다. 다음에 굿월스토어에 갈 때는 이번에 받아온 굿백에 물건을 차곡차곡 담아가야겠다.

〈더 글로리〉에서 배우는
녹색과 갈색의 경제학

요 몇 년 간 가장 재미있게 봤던 드라마는 〈더 글로리〉였다. 학교폭력을 겪었던 주인공이 오랫동안 치밀하게 복수를 준비하는 긴장감 넘치는 서사를 그린 넷플릭스 시리즈다. 이 드라마에서 학교폭력의 가해자 중 하나인 전재준은 적색과 녹색을 잘 구분하지 못한다. 또 다른 가해자인 박연진의 딸도 전재준과 유사한 적록색약 증상을 겪는다.

히트작 제조기로 불리는 김은숙 작가의 드라마에 괜히 이런 작위적인 설정이 들어가지는 않았을 터이다. 극적 요소를 다소 과장되게 가미했겠으나, 적색과 녹색을 가려내지 못하는 것은 이 작품에서 꽤나 핵심적인 단서이자 유의미한 상징이다. 당시 온라인상에서는 드라마에 자주 등장하는 녹색 구두가 어떤 기제로 작동할지 그럴듯한 추측과 해석이 무성했다.

건축물에 붙는 '그린 프리미엄'과 '브라운 디스카운트'

ESG를 이야기하려는 글에 웬 색깔 타령이냐고? 이제 건축물로 시선을 돌려보자. 건설 및 부동산 금융업계의 화두는 녹색과 적색이 아닌, 녹색과 갈색의 구분이다. 두 색상의 구획을 가르는 것은 다름 아닌 ESG다.

건물이 녹색으로 분류되면 '프리미엄'을, 갈색으로 인식되면 '디스카운트'라는 상반된 성적표를 받게 된다. ESG가 그저 특정 기업의 이미지 제고를 위한 홍보성 활동이라거나, 이런저런 비용만 과다하게 수반되는 부담스러운 요식행위라는 식의 '반反ESG' 주장과는 전혀 결이 다른 현상이다. 거칠게 말하면, ESG를 제대로 이행하지 못하면 실제로 자산의 값어치가 깎인다는 것이다.

친환경적이지 못하게 설계되었거나, 낙후한 환경에 놓인 노후한 건물들은 건물 자체의 가격이나 임대료 등에서 적잖은 손실을 볼 공산이 커졌다. 이를 '브라운 디스카운트brown discount'라고 부른다. 이와 반대되는 개념은 '그린 프리미엄green premium'이다. 요컨대 친환경 건물에 웃돈이 붙는 것이다. 녹색과 갈색 사이, 이제 돈이 오고 가는 엄중한 사안이 되었다.

녹색과 갈색,
실제로 벌어지고 있는 경제적 가치의 차이

모건스탠리캐피털인터내셔널MSCI 분석[1]에 따르면, 2022년 기준 영국 런던에서 LEED나 BREEAM 등과 같은 친환경 건축 인증을 받은 녹색 건물은 그렇지 않은 건물에 비해 약 25% 정도 가격이 비싼 것으로 나타났다. 프랑스 파리에서는 35%까지 그 격차가 더 벌어진다. 이런 가격 차이로 누군가는 프리미엄을 얻고, 누군가는 가치평가 절하에 직면한다.

임대료도 건물이 녹색인지, 갈색인지에 따라 달라질 수 있다. 글로벌 부동산 컨설팅 회사 존스랑라살Jones Lang LaSalle은 홍콩에서 LEED 인증 여부에 따라 플래티넘 등급의 경우 최대 28%(임대료 기준)까지 그린 프리미엄이 붙는다고 밝혔다. 영국계 글로벌 부동산 컨설팅 그룹인 나이트프랭크Knight Frank는 영국에서 BREEAM의 중간 등급 이상 인증을 받은 자산의 경우 10% 이상의 임대료 프리미엄을 기대할 수 있다고 분석했다.

오피스뿐 아니라 앞으로 물류센터도 보다 친환경적인 자산에 임대료 프리미엄이 더 높아질 것이라는 전망도 있다. 공실률 또한 미

---

[1]   MSCI. (2022). London and Paris Offices: Green Premium Emerges.

국 중심업무지구에서 LEED 인증 빌딩의 공실률이 일반 빌딩의 공실률보다 낮아지는 경향이 발견되고 있다. 이렇다 보니 국내에서도 마스턴투자운용, 이지스자산운용 등과 같은 주요 부동산 자산운용사들이 친환경 건축 인증에 지대한 관심을 쏟고 있다.

서울 오피스의 숙명, 건설업·부동산 금융업의 'ESG 시즌2'를 준비해야

이런 비자발적 디스카운트 현상은 더 이상 남의 나라 얘기가 아니다. 한국에서도 그간 주로 공공영역 위주로 가해졌던 건축물에 대한 온실가스 감축 규제가 민간영역으로 확대될 전망이다. 이는 국내 상업용 부동산 시장에 작지 않은 충격파를 던질 것이다. 당장 인허가 단계에서부터 고려해야 하는 요소가 예전보다 많아졌기 때문이다.

글로벌 종합부동산서비스 기업 세빌스코리아에 따르면, 서울 소재 2천 평 이상의 오피스 셋 중 하나는 준공 기준 30년이 넘는 노후 건축물인 것으로 드러났다.[2] 이는 우리가 일상에서 자주 보는 건물의 약 33%가 브라운 디스카운트에 처할 가능성이 있다는 뜻이다.

---

2   세빌스코리아. (2022). Korea ESG. 12월호.

수천억 원이 넘는 프라임급 대형 오피스의 경우, 이 자산에 투자자와 임차인, 지역사회(혹은 지자체) 등 수많은 이해관계자가 복잡하게 얽혀 있다. 해당 자산의 노후화로 가치가 하락하면, 이 생태계에 어마어마한 경제적, 사회적 피해를 끼칠 수 있다. 특히 도심 소재 주요 오피스들은 상장 리츠나 공모 펀드 등에 편입된 자산도 많기에, 브라운 디스카운트는 기관투자자뿐 아니라 개인투자자에게도 당면한 자산관리 이슈이다.

다시 〈더 글로리〉 얘기다. 〈더 글로리〉 시즌2에서는 악독한 폭력의 일방적인 피해자였던 주인공의 통쾌한 복수가 본격적으로 전개됐다. 건설 및 부동산 금융업계야말로 이제 '시즌2'를 준비해야 하지 않을까. ESG에 대한 자세를 고쳐 잡으며 말이다. 전 세계 CO2eq 배출량(이산화탄소를 기준으로 환산한 6개 온실가스—이산화탄소·메탄·아산화질소·수소불화탄소·육불화황·과불화탄소—의 배출총량)의 약 37%를 다름 아닌 건축물이 차지하기에 그만큼 책임도 막중하다.

녹색과 갈색 사이, 어느 쪽이 우리가 가야 할 방향일지는 당위적·윤리적 측면뿐 아니라 경제적·실리적 측면으로도 정답은 정해져 있다. 친환경적으로 건축물을, (하드웨어뿐 아니라 임차인의 건강과 문화생활 등을 폭넓게 고려하는 방향으로), 나아가서 우리가 일하고 생활하는 도시의 환경 수준을 한 단계 업그레이드하는 데 중지를 모아야 할 것이다.

 **ESG적 생각**

〈더 글로리〉 명대사로 글을 마쳐볼까 한다. 만약 '갈색' 건물을 '녹색'으로 전환하지 못한다면 "오늘부터 모든 날이 흉흉할 거야." 그래도 공간을 만들어가는 건설 및 부동산 업계에서 넷제로를 비롯한 ESG 의제에 진심 어린 행동을 보인다면, "나 지금 되게 신나."

앞으로 그린 프리미엄을 향유하는 기업이 많아지길 바란다.

비자발적인 자산 가치 하락 '브라운 디스카운트': 녹색과 갈색의 경제학 2편

글로벌 부동산 컨설팅 회사 존스랑라살은 〈건축 환경의 탈탄소화Decarbonizing the Built Environment〉라는 제하의 보고서를 발표한 바 있다. 이 보고서에 따르면, 주요 투자자의 60% 이상이 친환경 전략Green strategies이 부동산의 입주율, 임대료, 임차인 유지율을 높이고 전반적인 자산 가치를 높일 수 있다는 데 강력히 동의하는 것으로 나타났다.[1]

영국의 BREEAM, 미국의 LEED, 오스트레일리아의 Green Star 등 건축물 분야의 '친환경 인증'이 임대료 프리미엄 6.0%, 매각 프리미엄 7.6%를 창출한다는 케임브리지대학교의 연구 결과도 있다. 이는 부동산 시장에서 지속가능성이 임대료 및 판매가격에 미치는

---

[1] JLL. (2021). Decarbonizing the Built Environment.

영향을 분석한 40개 이상의 국제적인 연구에 대한 메타 분석 결과
치다.[2]

글로벌 부동산 컨설팅 기업 쿠시먼앤드웨이크필드C&W·Cushman&
Wakefield는 LEED 인증을 받은 건물이 비非인증 건물보다 평방 피트
당 평균 시장판매 가격이 무려 21.4% 더 높다고 분석했다. 가격만
높은 것에서 그치지 않는다. LEED 인증 자산은 경기 침체기에서 회
복기에 이르기까지 더 나은 성과(시장수익률 상회)를 보여왔다는 것
도 입증됐다.[3]

각론으로 들어가면, LEED의 등급별 임대료 인상률에도 차이가
있음을 알 수 있다. 리드 인증은 플래티넘, 골드, 실버, 일반 인증 순
으로 등급이 책정되어 있다. 미국 그린빌딩위원회에 따르면, 상위
등급을 받은 자산일수록 임대료 인상률도 올라갔다.

리츠REITs(부동산투자회사) 또한 다양한 부동산 섹터에서 수익을 창
출하고, 이 생태계에서 자금을 조달하기에 이런 흐름의 연장선에
있다. 전미리츠협회Nareit에 따르면 지속가능성 데이터를 공개하는
리츠는 그렇지 않은 리츠에 비해 여러 재무 지표에서 더 나은 성과

---

2   Ben Dalton & Franz Fuerst. (2018). The 'Green Value' Proposition in Real Estate: A Me-
    ta-Analysis. University of Cambridge.
3   Cushman & Wakefield. (2021). Green Is Good: Sustainable Office Outperforms in Class
    A Urban Markets.

를 내는 것으로 드러났다.[4]

친환경 건물이 증가하고 있긴 하지만, 비율로 보면 여전히 소수에 불과하다. 국내에서는 여전히 CBD(도심권역), YBD(여의도권역), GBD(강남권역) 등에 소재한 프라임오피스가 글로벌 친환경 건축 인증을 획득하거나 GRESB(글로벌 실물자산 지속가능성 벤치마크) 같은 ESG 평가에서 우수 성적을 받았다는 것이 '뉴스'가 된다. 이런 소식이 보도 가치가 없어지는 날을 하루빨리 앞당겨야 할 것이다.

그린과 브라운의 구분 자체가 자산 가격의 강력한 결정 요인으로 부상하고 있는 지금, 건물을 평가하는 척도도 달라질 수 있다. 탁 트인 전망과 고급스럽고 화려한 인테리어 자재 등 기존에 건물의 매력도와 가치를 지탱하던 요소는 이제 탄소중립, 기후변화에 대한 회복력, 거주자의 웰빙 등에 자리를 내주게 될 공산이 크다. 부동산을 바라보는 관점의 축 자체가 이동하는 것이다.

주요 글로벌 도시에 위치한 건물 재고building stock의 열 중 일곱은 2050년에도 존재할 것이라는 분석이 있다. 미국에는 1980년 이전의 건물이 미국 상업용 연면적의 약 40%를 차지한다. 건물의 나이테가 이럴 진데, 브라운 디스카운트는 피할 수 없는 흐름이다. 이는 비용 문제와도 밀접히 연결된다.

---

4   USGBC. (2023). REITs embrace ESG related to green building.

영국의 환경 전문 컨설팅 업체인 비비드이코노믹스Vivid Economics
는 건축 환경의 탈탄소화를 이끌려면 향후 10년간 5조 2,000억 달러
가 소요될 것으로 예측했다. 전문가들은 기온 상승을 섭씨 1.5도로
제한할 기회를 극대화하기 위해서는 2030년까지 건축 환경의 탄소
배출량을 50% 감축해야 한다고 말한다. 2030년까지 몇 년 남지 않
았다. 위기의식을 가져야 한다.

그린 프리미엄보다 '강도'가 센 브라운 디스카운트

좀 더 숙고해야 하는 부분은 그린 프리미엄과 브라운 디스카운트
가 단순히 대구對句 관계가 아니라는 점이다. 둘이 '개념적으로' 반대
되는 현상인 것 자체는 맞는데, 친환경적 행보에 신경을 쓰면 돈을
더 받고, 그러지 못하면 돈을 덜 받는 정도로 가볍게 이해해서는 곤
란하다. '강도'가 다르다. 브라운 디스카운트의 여파가 더 크다는 것
을 염두에 둬야 한다. 심리적으로도 그렇지 않은가. 내 몫이 추가되
는 것보다 깎이는 것에 더 예민한 법이다.

상업용 부동산 업계에서 친환경 전략의 수립과 실행이 '상수'가
되는 트렌드가 확산하는 것은 좋은 현상임이 틀림없다. 그런데 이
렇게 되면 '장기적으로는' 그린 프리미엄의 존재감이 옅어지게 되

는 것이 논리적 귀결이다.

지속가능성과 녹색 전략이 예외적 현상이 아니라 표준이 된다는 것은 사회적으로는 분명 긍정적 신호다. 다만 투자자, 디벨로퍼, 임차인 등은 '표준'에 프리미엄을 절대 지불하지 않으려고 할 것이다. 대신 '표준 이하'의 건물에는 더욱 엄격한 잣대를 들이대는 날카로운 모습을 보일 것이다.

건물을 둘러싼 여러 이해관계자가 자산의 가치와 비용을 깎는 데 몰두하게 되면서, 브라운 디스카운트는 더욱 가파른 상승 곡선을 타게 될 수 있다. 향후 몇 년간 그린 프리미엄은 일시적으로 추가되는 개념이 될 터이고, 브라운 디스카운트는 건물의 재무성과에 훨씬 더 직접적이고 막강한 영향을 미치게 될 것으로 전망된다. 고민의 무게중심이 녹색이 아니라 갈색에 실려야 한다.

유동성 파티의 종식과 옥석 가리기

건설 및 부동산 업계의 유동성 잔치가 끝났다는 점도 짚어야겠다. 시장에 투자금이 풍부할 때야 저탄소 전환에 준비가 된 건물과 그렇지 못한 건물 간의 차이가 자산 밸류에이션에 온전히 반영되지 않는다. 그러나 떠들썩했던 파티가 끝나면, 즉 유동성 경색 사태가 빚어지면 옥석 가리기가 본격화한다. 건물 개보수에 대한 투자에 소홀하거나, 아예 미루고자 했던 건물주는 큰 피해를 보게 될 것이다.

준공된 지 오래된 건물을 개보수해야겠다는 생각이 드는 것은 자연스러운 수순인데, 이때 우려되는 게 늘 그렇듯 비용이다. 이 비용이 다시 투자수익률을 깎아 먹지 않을지 걱정할 수 있다. 그런데 글로벌 자산운용사인 피델리티 인터내셔널Fidelity International은 개보수 비용이 수익률에 영향을 미치는 것은 맞지만, (개보수) 지연에 따른 비용이 훨씬 크다고 분석했다. 실기失期하는 우를 범해서는 안 된다.

'친환경'이라는 표현의 한정적 용법… 고차원적 의미의 '그린'도 고민해야

더불어 '친환경'이라는 표현이 갖는 해석의 협소함에 대해서 문제를 제기하고자 한다. 친환경이라고 하면 꼭 푸릇푸릇한 나무, 숲만 떠올리는 경향이 있다. 용법 자체가 한정적이라 어떤 특정 이미지에 고착되어 버렸다. '그린' 프리미엄이라고 하니 이런 현상을 더 부채질하는 듯하다.

앞으로는 그린과 브라운을 가르는 방정식이 더 복잡해질 것이다. 즉, 그만큼 고려해야 할 요소가 더 많아졌다는 의미다. 좋게 보면 '그린'의 크기를 늘릴 수 있는 방법론도 더욱 다양하고 풍성해졌다고 해석할 수 있을 것이다. '브라운' 요소를 소거할 기회도 더욱 늘었다. 건물 부문에서도 ESG 중 'S(사회)' 요소의 중요성이 더욱 커지고 있다. 'S'의 힘을 키우는 것 또한 그린 프리미엄을 향유하기 위한 긴요한 전략이 될 수 있다.

특히 지난 몇 년 동안 신종 코로나 19의 확산을 겪으면서 입주자 편의시설, 자전거 주차, 환기 시설, 각종 커뮤니티 기능 등 'S' 관련 속성에 대한 수요가 증가했다. 이제 이런 측면이 섬세하게 고려되지 않은 자산은 마찬가지로 임대료 증가율이 하락하고, 입주 수요 자체도 감소하는 상황에 직면하게 될 가능성이 크다.

LEED, BREEAM뿐 아니라 입주자의 건강과 복지를 위한 생활 환경의 질을 향상하는 것을 목적으로 삼는 WELL 인증이 주목받는 맥락도 이와 무관치 않다. WELL은 미국 국제웰빌딩연구원 IWBI·International WELL Building Institute이 개발한 국제적인 실내 환경 ESG 인증제도이다. 그동안의 친환경 인증이 '건물'에 초점을 맞췄다면, WELL은 입주자, 즉 '사람'에 착목한다.

건물 자체가 하나의 ESG 공간으로 기능할 수도 있다. 서울시 종로구에 소재한 한 대형 오피스 로비에 개발도상국 어린이들에 대한 후원을 독려하는 전시 공간이 마련되었던 적이 있다. 부동산 자산운용사와 유니세프가 손잡고 선보였던 캠페인 부스다. 서울 중심가 한가운데에 위치한 대형 오피스 빌딩의 공간을 공익적 목적으로 탈바꿈한 사례다.

　이 빌딩의 입주자와 방문자들은 누구나 자유롭게 어린이 사진전 및 구호품 전시, 거울 포토존 등 다양한 체험 공간을 즐기고, 부스 내 비치된 전자 모금함을 통해 간편하게 후원에 참여할 수 있었다. 단순한 일회적 금전 지원 방식보다 훨씬 더 효과적이고 유의미한 ESG 활동이다. 공간으로 새로운 가치를 창출하는 형태의 ESG 활동을 통해 건물은 더욱 활력을 얻을 수 있고, 입주자의 만족도를 높이는 방향으로 보다 고차원적 의미의 '그린'으로 나아갈 수 있다.

 ESG적 생각

ESG에 초점을 맞춘 입법 및 규제 변화가 강화되는 상황이다. 녹색이 아닌 갈색 건물은 감가상각 위험에 노출될 수 있다. 그린으로 가야 하는 이유는 명확하다. 투자의 생리다. 비자발적 디스카운트의 희생양이 되지 않으려면, 선제적이고 적극적으로 녹색 전환에 나서야 한다. 그 방향이 '옳아서'일 뿐 아니라, '유리하기' 때문이다.

부동不動에서 능동能動으로: 부동산 산업의 ESG 혁신

　부동산과 ESG는 어떤 관련이 있을까? 고객과의 스킨십이 잦은 소비재 산업과 달리 부동산 산업은 언뜻 ESG와 거리가 멀어 보인다고 생각할 수도 있다. 말 그대로 '부동不動'한 건축물에서 무슨 수로 ESG 경영을 펼쳐 나간다는 말인가.

　부동산이 지구 환경에 가하는 영향은 결코 '부동'하지 않다. 현대인이 하루의 대부분을 건축물에서 근무하고 생활하는 것을 감안했을 때, 부동산 산업에서 ESG는 선택사항이 아니라 필사적으로 매달려야 하는 중요 과업이 되어야 마땅하다.

부동산 ESG를 이끄는 네 가지 주체

부동산 산업의 ESG 내재화를 추동하는 주된 요소는 크게 네 가지로 나눠 볼 수 있다. 투자자, 기업, 지역사회, 정부이다. 공제회, 연기금 등 이른바 기관투자자들은 장기적 관점으로 투자 대상을 물색한다. 주식, 채권뿐 아니라 대체투자에서도 보다 긴 호흡으로 시장에 접근하고자 한다.

그렇기에 투자 대상으로서의 부동산은 수년 내의 단기적인 시세 차익을 거둘 수 있는 대상이 아닌, 보다 친환경적이고 테넌트 및 지역사회에 긍정적 기능을 수행할 수 있는 자산이어야 한다. 미국 캘리포니아 공무원연금CalPERS, 네덜란드 공적연금ABP, 일본 공적연금 펀드GPIF 등 해외 기관투자자들도 ESG를 주요한 투자 원칙으로 인식하고 있으며, 대체투자 측면에서도 장기 투자의 시각을 견지하고 있다.

다음으로 기업 또한 입주하고자 하는 대형 빌딩이 기후변화에 직간접적으로 끼치는 영향이라든지 에너지 사용량, 폐기물 처리방식, 주변 환경과의 조화 등에 이전보다 훨씬 더 많은 관심을 쏟고 있다. 단순히 임대료의 높고 낮음이나 '렌트 프리'와 같은 경제적인 유인책만 보고 입주를 결정하는 것이 아니다. 특히 대외적인 평판이나 브랜드 가치에 세심하게 신경을 기울이는 기업일수록, 부동산 소유주 혹은 자산관리회사의 탄소중립 이행 의지를 명확하게 확인하고 자 한다.

기업의 임직원 중 특히 MZ 세대 직원들은 미국 그린빌딩위원회 의 LEED와 같은 친환경 건축물 인증을 받은 곳에서 근무하는 것을 선호하기도 한다. 이는 인재 채용과도 연동되는 사안이다. 최근에 는 건물 자체의 친환경성을 넘어 입주자의 '웰빙'까지 중요한 화두 로 떠오르고 있는 실정이다. 미국 국제웰빙연구원의 WELL과 같 은 '건강 건축' 인증제도가 이에 해당한다.

그린빌딩의 경제적 합리성

친환경 건물이 단순히 사회적으로 바람직한 방향에 부합하고, 회 사의 긍정적 이미지에 도움이 되기 때문에 각광받는다고 생각하는 것은 반쪽짜리 해석이다. 그린빌딩은 경제적으로도 합리적인 선택 안이 될 수 있다. 영국 보험사 푸르덴셜생명 계열 부동산 투자회사 인 M&G리얼이스테이트에 따르면, 지속가능한 친환경 빌딩이 운 영비용의 증가를 초래할 수 있지만, 종국에는 그보다 더 높은 수준 의 임대 수입을 거두게 되는 것으로 드러났다. 아울러 친환경 건물 에 초기 투자를 늘리는 것이 현금 흐름 측면에서도 기존 건물들보 다 우수하다는 분석을 내놓기도 했다. 제도적으로도 용적률과 세제 등에서 혜택을 기대할 수 있다.

지역사회 역시 해당 부동산이 얼마나 지역 친화적인 커뮤니티 기능을 수행하는지, 인근 주거시설의 일조권이나 조망권에 해를 가하지는 않는지, 유수 기업의 유치를 통해 지역 경제 전체의 활성화를 도모할 수 있는지, 교통 및 편의시설에 어떤 영향을 끼치는지 등을 면밀하게 따지기 시작했다.

마지막으로 정부는 정책의 수립과 집행을 통해 부동산 산업이 보다 ESG 경영에 집중할 수 있는 토양을 제공해야 할 것이다. 물론 간혹 어떤 정책이 누군가에게는 '규제'로 불리기도, '인센티브'로 불리기도 할 테지만 말이다. 가령 기업의 비재무 정보 공시 의무를 강화하고, 제로에너지건축물ZEB 인증의 실질적 효용성을 높일 수 있는 조치를 마련하는 등의 섬세한 노력이 요구된다.

ESG, 부동산의 미래를 재구성하다

여전히 한국에서는 '부동산'이라는 단어의 어감이 썩 긍정적이지 않다. 가치중립적이어야 할 세 글자에 정치적, 사회적, 경제적 갈등과 논란이 복잡하게 얽혀 있다. 우리에게 다양한 효익을 가져다주는 '공간'을 제공함에도, 부동산 산업에 대한 이미지는 '부동' 그 자체다. 부동산 업계가 보다 선제적으로 ESG 경영에 앞장서야 할 때이다. 이는 실내에서 많은 시간을 보내는 현대인들에게도 긍정적인 영향을 끼칠 것이다. ESG라는 기회가 오고 있다.

 ESG적 생각

부동산 업계는 이제 '부동不動'이라는 이름을 벗어던지고, 능동적이고 혁신적인 ESG 경영의 주체로 변모해야 한다. 부동산은 단순한 물리적 자산이 아니라 인간의 삶과 일, 그리고 지구 환경이 만나는 중요한 접점이다. 우리가 일하고, 쉬고, 꿈꾸는 공간이 지속가능성의 가치를 품게 될 때, 그 영향력은 건물의 외벽을 넘어 사회 전체로 퍼져나갈 것이다. ESG는 부동산 산업의 미래를 재정의할 중대한 전환점이자, 현재 모두가 발 딛고 서 있는 '공간'의 의미를 다시 생각하게 하는 기회다.

뉴욕 패션위크와
어댑티브 패션

"우리는 함께 장벽을 허물고 더 포용적인 미래를 위한 길을 열어가고 있습니다. 앞으로도 포용성을 옹호하고 다양성을 찬양하며 서로에게 힘을 실어주도록 노력합시다."[1]

미국 뉴욕에서 열린 패션쇼가 끝난 후에 미스티 디아즈Misty Diaz가 남긴 말이다. 정치인 혹은 시민운동가의 발언 같다. 어떤 인물일까? 그녀는 장애가 있는 여성으로서 패션쇼 모델로 당당히 무대에 올랐고, '어댑티브 패션adaptive fashion'을 위한 컨설턴트 역할도 적극적으로 수행했다.

---

1   미스티 디아즈의 링크드인 계정

런웨이 위의 다양성, 뉴욕 패션위크의 새로운 물결

2023년 9월 파리·밀라노·런던 패션위크와 함께 세계 4대 패션쇼로 손꼽히는 뉴욕 패션위크NYFW가 성황리에 막을 내렸다. NYFW 마지막 날엔 이색적이면서도 뜻깊은 패션쇼가 펼쳐졌다. 패션 산업의 포용성 증진을 위해 앞장서고 있는 비영리 단체인 '런웨이 오브 드림스RODF·Runway of Dreams Foundation'가 선보인 패션 레볼루션Fashion Revolution 런웨이다. 어댑티브 패션의 향연. 말 그대로 '혁명'적인 런웨이였다.

RODF의 설립자인 민디 샤이어Mindy Scheier는 근이영양증을 겪고 있는 아들에게 트레이닝복이 아닌 멋진 청바지를 입히고 싶어서 어댑티브 패션에 천착해 온 인물이다. 이날 70여 명의 장애인 모델이 체형의 차이를 고려해 세련되게 디자인된 옷을 입고 멋진 포즈를 취했다. 휠체어를 타고 의족을 찬 모델들의 표정은 빛났다. 혼자서 청바지를 입기 어려운 아들을 걱정하던 민디 샤이어는 수많은 이에게 꿈을 실현할 기회를 선사했다.

'어댑티브 패션'은 장애 유무에 상관없이 누구나 옷과 신발을 더 쉽고 편안하게 착용할 수 있도록 하는 것을 목표로 한다. 장애인을 위한 '배리어 프리 의류barrier-free clothing'라고 볼 수도 있겠다.

그간 장애인의 패션은 패션이 아니었다. 의학적인 측면만 지나치게 부각하거나, 극도로 기능적이기만 했다. 패션에서 가장 중요한 '멋'이 빠져 있었다. 왜소증을 가진 사람들은 아동복 매장을 전전해야 했다. 옷이 어떻게 '규격'으로만 설명될 수 있겠는가. 아동복은 단지 사이즈만 작은 게 아니다. 아이의 기호에 맞는 색상과 스타일로 제작되었을 터이다. 성인으로서 아이의 취향에 맞는 옷을 단지작게 나왔다는 이유로 억지로 입어야 했던 누군가의 정서를 우리사회는 그동안 살피지 못했다.

물론 어댑티브 패션 아이템의 개발 과정은 그리 간단치 않다. 이번 행사에 동참한 세계적인 란제리 브랜드 '빅토리아 시크릿'은 상품을 대중에 선보이기 전 포커스 그룹과 함께 제품을 완성하기 위한 밀도 있는 과정을 거쳤다.

빅토리아 시크릿의 최고 다양성 책임자CDO, Chief Diversity Officer인 리디아 스미스Lydia Smith는 장애가 있는 여성들과 긴밀히 협업하면서그들의 니즈를 면밀하게 파악했다. 대부분의 브래지어에는 와이어가 있어 신체의 여러 부위를 건드리는 경우가 많다는 것을 관찰했으며, 원단이 핵심적인 요소임을 파악한 후에는 신축성이 뛰어나몸을 많이 움직여도 촉감이 매우 부드러운supersoft 원단을 개발하기위해 진력했다. 훅이 아닌 자석을 달아서 속옷을 편하게 착용하는데에도 집중했다.[2]

패션의 심리학적 효과와 포용적 디자인의 중요성

'패션의 심리학'을 오랫동안 연구한 심리학자 카렌 제이 파인Karen J. Pine은 옷이 마음을 변화시키는 속성mind-altering properties을 가지고 있음을 밝혀냈다.[3] 그녀에 따르면, 입는 옷에 약간의 변화를 주는 것만으로도 자신감과 자존감을 높여줄 수 있고, 더 나아가서 인생을 바꿀 수도 있다.

이처럼 패션의 효능이 만만치 않은데, 장애인을 위한 패션은 그간 제 기능을 하지 못했었다. 사람마다 옷의 색상, 소재, 크기, 질감 등 요구사항이 천차만별일 터이다. 다양한 요구를 충족하는 패션에 대한 꽤나 구체적인 수요가 분명 존재한다. 어댑티브 패션은 이러한 맥락과 심리를 세심하게 고려한다.

사실 장애의 범위 또한 매우 넓다. 그간 패션 브랜드들은 장애가 있는 소비자들의 각기 다른 요구사항을 외면해 왔다. 현재 어댑티브 패션은 패션 산업의 패러다임 자체를 바꿔 놓고 있다.

---

2   Irene Kim. (2023). "Victoria's Secret Makes Its Adaptive Fashion Debut on the Runway of Dreams During NYFW". Vogue, 9.16.
3   Karen J. Pine. (2014). Mind What You Wear: The Psychology of Fashion.

대표성에 주목, 패션을 넘어선 사회적 변화

NYFW의 화두는 대표성representation이었다.[4] 성별, 인종, 장애 등에 구애받지 않고 서로의 차이를 인정하고 존중하며 각자의 정체성과 매력을 보여주는 축제였다. 고로 단순히 패션 자체에 국한되지 않는다. 우리는 모두 특별하다는 믿음, 그리고 포용성과 수용성을 향한 발걸음! DEIDiversity, Equity, and Inclusion(다양성, 형평성, 포용성)의 가치가 화려한 조명 아래 세계적인 패션쇼의 무대에까지 스며들고 있다.

이번 패션쇼의 개최로 세상이 단번에 바뀌지는 않을 것이다. 아직 미美에 대한 고정관념은 공고하게 남아 있다. 날씬한(사실상 '마른') 젊은 백인이 패션모델의 표준으로 남아 있다. 디자이너도 백인 비중이 압도적이다.

---

4   Anna Haines. (2023). "At New York Fashion Week, Representation Matters". Forbes, 9.19.

ESG적 생각

옷 자체뿐 아니라 패션을 둘러싼 환경도 변화해야 한다. 장애인에게 지금의 오프라인 의류 매장은 공간적으로, 구조적으로 장벽이 높은 공간이다. 제아무리 포용적인 패션 아이템을 만들어 내도, 리프트가 설치되어 있지 않으면 이동 자체가 어려운 장애인이 많고, 탈의실 공간이 협소해 환복 자체가 불가능한 경우가 많다. 그 외 장애인의 쇼핑을 돕는 최소한의 보조기구조차 마련되어 있지 않은 곳이 대부분이다.

어댑티브 패션 시장은 2028년까지 약 56억 7천만 달러 규모로 성장할 것으로 예상된다. 2022년부터 2028년까지 연평균성장률CAGR이 15%를 상회한다.[5]

변화의 기회를 누가 잡을 것인가. 변혁의 움직임이 비단 뉴욕에서 그치지 않기를 바란다.

---

5   Stratview Research.

부동산과 지속가능성의 만남: GRESB가 만들어가는 미래 가치

GRESBGlobal Real Estate Sustainability Benchmark(글로벌 실물자산 지속가능성 벤치마크)는 부동산 실물자산과 운용사를 대상으로 환경 및 사회에 미치는 영향에 더불어 이해관계자와의 관계까지 종합하여 입체적으로 평가한다. 전 세계 8.5조 달러 이상의 자산이 이 GRESB 평가를 통해 벤치마킹되고 있으며, 투자자들은 GRESB 점수를 통해 부동산 자산의 지속가능성을 판단한다.[1]

GRESB는 부동산 부문에 초점을 맞춘 형태로 2009년에 출범했다. 현재는 인프라를 포함한 실물자산을 다루는 형태로 커버리지가 확대됐다. 평가는 '경영/관리Management'가 30% 비중이고, 기축의 경

---

[1] GRESB 홈페이지. 이 글의 주요 내용은 GRESB의 홈페이지, 링크드인 포스팅, 블로그 등을 참고했다.

우 '성과Performance'가, 신축 및 대수선의 경우 '개발Development'이 각각 70% 비중을 차지한다. 상대평가 체계이며, 매년 상위 20%가 최고 등급의 영예를 안게 된다.

자산 외 운용사의 ESG 정책까지 다각도로 평가

특히 경영/관리 부분에서는 정책, 리더십, 보고체계, 이해관계자 관여Stakeholder Engagement, 리스크 관리 등을 체크한다. 자산의 친환경성뿐 아니라 회사의 ESG 정책과 경영 투명성 등까지 다각적으로 들여다보는 것이다.

GRESB에 참여하는 글로벌 기업과 자산은 지속적으로 증가하고 있다. 2022년만 해도 2019년에 비해 3년 만에 참여 자산이 2배나 증가했다. 국내 기업의 참여도 늘고 있다. 아시아에서는 일본의 참여가 두드러진다.

그렇다면 GRESB와 같은 친환경 건축물 평가는 왜 주목받고 있는 것일까?

크게 세 가지 측면으로 나눠 그 배경을 살펴볼 수 있겠다.

첫 번째는 비용 절감이다. 친환경 건물이라고 하면 자재나 공법 때문에 더 큰 비용이 소요된다고 생각하는 경우가 많다. 한데 중장기적으로 비용을 절감할 수 있다는 것은 꽤 흥미로운 대목이다.

건물을 탈탄소화하면 8,000억 달러에서 1조 9,000억 달러의 가치를 창출할 수 있다는 분석이 있다. 고효율 난방, 환기 및 냉방 시스템, 단열 개선, LED 조명 등을 통해 유틸리티 비용을 낮출 수도 있다. 탈탄소화 흐름은 환경보호 측면의 의무일 뿐 아니라 경제적 측면에서도 기회 요인이 될 수 있다.

2015년부터 2018년까지 미국 내 LEED 인증 건물의 비용 절감 수치를 살펴보자. 에너지 절감액 12억 달러, 물 절감액 1억 4,950만 달러, 유지보수 절감액 7억 1,520만 달러, 폐기물 절감액 5,420만 달러를 기록한 것으로 추산된다. 녹색 건물이 돈을 아껴줄 수 있다는 증좌다.

'부동산 업계의 아마존'이 내놓은 분석, 기후 취약 주택 가치의 하락

두 번째는 친환경 인증 혹은 평가를 통한 자산 가치의 향상이다. '부동산 업계의 아마존'이라고 불리는 미국 최대 온라인 부동산 판매 업체 질로Zillow는 최근 주택 소유자의 8할 이상이 새집을 구할 때 기후 위험을 고려한다고 분석했다.[2] 실지로 일부 지역에서는 홍수, 산불, 허리케인, 가뭄의 발생 빈도가 증가하면서 기후에 취약한climate-vulnerable 주택의 가치는 하락하고, 기후에 탄력적인climate-resilient 주택의 가치는 상승하는 현상이 벌어졌다.

환경에 대한 중요성이 점증하는 시장 환경에서, 임차인은 어떤 빌딩에 입주할지 보다 신중하게 고려하게 된다. 이들이 몇 개의 층을 한 번에 쓸 수 있는 우량 임차인Key Tenant일 수도 있다. 권위 있는 친환경 인증 혹은 평가를 받은 빌딩은 임대차 시장에서 상대적인 경쟁 우위를 갖추고 임대료를 더 높게 책정하거나, 추후 자산의 매각 가격을 더 높일 수 있는 원동력을 가질 수 있다.

GRESB 점수가 1% 증가하면, 리츠REITs(부동산투자회사)의 ROA(총자산이익률)가 1.3%, ROE(자기자본이익률)가 3.4% 증가한다는 영국 케임브리지대학의 연구 결과는 시사하는 바가 크다. GRESB 점수가 10포인트 높아지면 펀드(유럽 사모 부동산 펀드)의 연간 수익률이 34베이시스포인트(bp, 1bp=0.01%p) 높아졌다는 분석도 눈길을 끈다.

존스랑라살의 '2022 미래 업무환경 설문 조사Future of Work Survey'에 따르면 조직의 70% 이상이 선도적인 지속가능성을 보이거나 친환경 인증을 받은 건물을 임대할 경우 프리미엄을 지불할 의향이 있다고 답한 바 있다. 22%는 미래형 시제가 아닌, 이미 그렇게 하고

---

2   Zillow. (2023). More than 80% of home shoppers consider climate risks when looking for a new home.

있다고 응답하기도 했다. 근로 환경을 둘러싼 패러다임이 바뀌고 있다.[3]

건물에 탄소배출 상한선을 적용하는 뉴욕

세 번째는 현지 정책 및 규정 준수를 통한 이점 확보다. 미국 뉴욕시의 사례를 보자. 뉴욕시에 따르면, 2021년 건물에서 발생한 이산화탄소의 양(약 3,600만t)은 차량에서 나온 양(약 1,200만t)의 약 3배에 달한다.[4] 뉴욕시는 일정 기준 이상의 건물에 엄격한 탄소배출 상한선을 적용한다는 입장이다.

친환경 건축물 인증 및 평가와 거리가 먼 노후 자산(혹은 그런 자산을 관리하는 기업)은 이런 정책 도입에 쉽게 무너지기 마련이다. 건물에 탄소세를 부과하는 것이 뉴욕만의 단일 사례는 아닐 터이다. 건물의 탄소 저감을 유도하는 것은 세계 각지에서 도시 행정의 공통된 정책적 지향점이 될 공산이 크다. GRESB 평가를 거친 건물은 이러한 정책 변화에 기민하게 대응할 수 있다. 이 외에도 펀드 설정의 용이성, 차입 조달 비용 인하, 이후 매각의 용이성 등도 GRESB 평가

---

3   JLL. (2022). The Future of Work Survey, 2022.
4   윤원섭. (2023). "뉴욕 건물마다 탄소세 폭탄". 매일경제, 9.3.

의 장점으로 추가로 거론될 수 있을 것이다.

부동산 ESG 공시의 글로벌 척도, GRESB 평가 대비 전략

그렇다면 어떻게 GRESB 평가에 효과적으로 대비할 수 있을까? GRESB는 매년 평가 기준을 개선하고 있으며, 2025년 개정안에서는 글로벌 지속가능성 프레임워크와의 연계성 강화, 보고 프로세스 간소화, 데이터 투명성 제고 등의 변화가 있다. 주목할 만한 변화로는 에너지 효율성 인정, 어포더블 하우징Affordable Housing(서민용 주택) 지표 도입, 재생에너지 및 내재탄소 보고, 생물 다양성 관련 지표 추가 등이 있다.

특히 세빌스Savills가 발표한 '2025년 부동산 지속가능성 10대 트렌드'5 중 첫 번째로 '자연 보고'가 언급된 것처럼, GRESB 역시 생물 다양성에 대한 새로운 지표를 도입하여 자연 관련 위험과 기회에 대한 평가를 강화하고 있다.

2025년부터 평가체계가 한층 더 정교해지고, 글로벌 프레임워크

---

5 Savills. (2025). Top 10 real estate sustainability trends for 2025.

와의 연계성이 강화되면서 단순 대응 수준을 넘어 전략적 ESG 내재화가 필수가 되었다. 이러한 상황에서 GRESB 평가에 효과적으로 대비하기 위한 전략을 살펴보면, 첫째는 데이터 관리 체계 강화이다. GRESB 평가의 기본은 정확하고 포괄적인 데이터이다. ESG 데이터의 투명성과 정합성이 핵심 경쟁력으로 부상하고 있다.

둘째, 전사적 ESG 거버넌스의 확립이다. ESG 전략 수립과 실행을 위한 내부 거버넌스 체계를 명확히 해야 한다. 이사회 차원의 ESG 감독, 경영진의 책임과 역할, ESG 성과와 보상 연계 등 체계적인 거버넌스 구조를 갖춰야 한다.

셋째, 글로벌 표준과의 연계성 확보이다. GRESB는 점차 TCFD, GRI, SBTN 등 글로벌 ESG 표준 및 이니셔티브와의 연계성을 강화하고 있다. 따라서 주요 글로벌 프레임워크를 숙지하고 자사의 ESG 전략과 보고체계를 이에 맞게 조정해야 한다.

넷째, 이해관계자 참여 확대이다. 부동산 특성을 감안해 테넌트, PM사, FM사, 지역사회 등 다양한 이해관계자와의 협력을 통해 ESG 성과를 제고해야 한다. 특히 테넌트 참여 프로그램을 통해 건물 운영 효율성을 개선하고, 공급망 전반의 ESG 관행을 향상하는 노력이 필요하다.

다섯째, 탄소중립 전략의 고도화이다. 부동산 산업의 탈탄소화는 GRESB가 가장 중요시하는 항목이다. RE100 정의에 따른 재생에너지 조달 방식을 차별화하고, 내재탄소 관리 방안을 마련해야 한다.

부동산 시장에서 ESG 성과에 따라 가격 차별화가 점점 뚜렷하게 나타나고 있다. 국내 시장에서도 이런 현상은 점차 가시화하고 있으며, ESG 미이행 자산의 가치 하락은 피할 수 없는 현실이 되었다.

GRESB 점수는 단지 숫자가 아니라, 기업의 ESG 성숙도를 시장에 전달하는 신호다. 평가 기준의 변화에 따른 점수 변동에 대해 사전 설명을 진행하고, 보고 이후에는 자산 가치 및 리스크와 연결된 ESG 전략을 효과적으로 전달하는 것이 리스크 관리의 일환이 될 수 있다. GRESB는 단순히 ESG 평가 도구가 아니라, 자산의 가격 신호를 전달하는 기준점이자 투자 판단의 바로미터로 진화하고 있다.

 ESG적 생각

투자는 결국 '가치Value'를 좇는 행위다. GRESB 평가는 바로 그 가치를 ESG 관점에서 어떻게 정의하고, 설명하고, 증명할 수 있는지에 대한 시험대이다. 그리고 지금은 그 질문에 답을 준비해야 할 때다.

말레이시아 상업용 부동산 시장에 부는 ESG 바람

여행으로 말레이시아 쿠알라룸푸르에 다녀왔다. 한국 건설사가 시공에 참여한 페트로나스 트윈 타워, 쿠알라룸푸르의 명동이라 불리는 부킷 빈탕Bukit Bintang, 분수 쇼로 유명한 KLCC 공원, 매력적인 야식이 가득한 잘란 알로Jalan Alor 등 쿠알라룸푸르의 곳곳이 아직도 기억에 생생하다. 특히 페트로나스 트윈 타워를 바로 눈앞에서 보는 듯한 느낌을 주는 루프톱 바 '마리니스 온 57Marini's on 57'에서 만끽했던 감정은 당분간 쉬이 잊히지 않을 듯하다.

쿠알라룸푸르 시내 구석구석을 돌아다녀 보니, '아테네 이후 가장 놀라운 도시 국가'로 평가받는 이웃 국가 싱가포르 못지않게 '그린 빌딩'이 많이 보였다. 오피스, 리테일의 규모도 만만치 않았다. 쿠알라룸푸르의 상업용 부동산 시장에 대해 좀 더 알아봐야겠다는 생각이 들었을 정도로 예상보다 규모가 컸다. 또 여러 공간을 들르며 느낄 수 있었던 것은 이곳에서도 ESG 물결이 예외가 아니라는 점이었다.

말레이시아 부동산 시장에서도 유효한 현상 '그린 프리미엄'

이번 글에서는 말레이시아의 상업용 부동산 시장에서 불고 있는 ESG 바람에 대해 이야기하고자 한다. 글로벌 부동산 컨설팅 기업 나이트프랭크의 말레이시아 법인Knight Frank Malaysia(이하 '나이트프랭크')의 조사[1]에 따르면, 응답자의 9할 이상이 말레이시아에서 기업의 부동산 전략을 수립할 때 ESG 고려사항ESG considerations이 전체적으로든 부분적으로든 중요한 역할을 한다고 답했다.

또 약 80%의 응답자가 'ESG 기능ESG features'이 업무 공간 선호도에도 영향을 미친다고 인식하고 있었다. 환경 성과가 우수한 부동산이 더 높은 가치와 임대료를 누리는 그린 프리미엄과 환경 성과가 낮은 부동산이 가치 하락을 겪는 브라운 디스카운트가 말레이시아 부동산 시장에서도 뚜렷하게 관찰되고 있다. 선호하는 그린 오

---

1 Knight Frank. (2023). The Age of ESG - Futureproofing Corporate Real Estate with Sustainability.

피스 기능으로는 에너지 효율 기술, 건물의 지속가능성 등급 및 인증, 빌딩 관리 및 웰니스, 폐기물 관리, 물 절약 기술, 탄소 관리 및 데이터 추적, 친환경 운송 등이 꼽혔다.

지속가능한 디자인 원칙을 반영한 말레이시아의 실물 부동산 자산 사례

실제로 'ESG DNA'가 깃든 말레이시아의 주요 부동산 자산을 들여다보자. 먼저 말레이시아 국영전력공사Tenaga Nasional Berhad(이하 'TNB')의 플래티넘 캠퍼스다. 2022년에 완공된 이 캠퍼스에는 오피스 타워, 컨벤션 센터, 보육 시설, 센트럴 플라자 등이 자리 잡고 있다.

환경을 고려한 지속가능한 디자인을 사이트 개발의 주요한 원칙으로 내세웠다. 녹색 지붕, 방사율이 낮은 이중 유리 파사드, 빗물 집수harvesting, 첨단 조명 제어, 중수grey water 재활용 시스템 등이 이 원칙을 고수하기 위한 노력의 흔적이다. 열과 소음을 제어하고 자연 채광을 활용하기 위해 노력했으며, 현지에서 조달한 친환경 자재를 사용하는 데 주안점을 뒀다.

세계에서 두 번째로 높은 건축물인 말레이시아 국영연금공단Permodalan Nasional Berhad, PNB 건물 '메르데카 118Merdeka 118'은 지속가능하고 사람 중심적people-centric인 사무 공간을 조성하는 것을 목표로 하고 있다. 쾌적한 오피스 실내 환경 구축을 위해 공기 필터 및 수질 감사, 눈부심 조절까지 신경을 쓰고자 한다. 임차인 웰빙뿐 아니라 주변 커뮤니티와의 조화도 중시하겠다는 구상이다.

말레이시아 사바Sabah주州에 위치한 오피스 타워인 플라자 셸Plaza Shell은 임직원들의 만족도를 높이기 위해 수유, 요가, 명상을 위한 전용 공간을 마련했다. 쿠알라룸푸르 소재 오피스 타워이자 복합 시설인 메나라 웰드Menara Weld는 에너지 절약형 조명 시스템 설치와 공조 시스템 업그레이드 등 에너지 효율성을 높이는 공사를 거쳐 38% 이상의 에너지 절감 효과를 거두었다. 메나라 AIA 센트럴 Menara AIA Sentral은 개보수 작업을 통해 공실률을 낮추고 임대료를 제고하는 데 성공하기도 했다.

나이트프랭크의 말레이시아 법인 사무실도 주목할 만하다. 2022년 이전하며 새 단장을 마친 이 오피스는 바이오필리아biophilia, 음향, 공기 질, 자연 채광 및 배치 등과 같은 요소를 통합해 지속가능성과 건강, 웰빙을 우선시한다. 참고로 '바이오필리아'란 자연과 생명에 대한 인간의 본능적인 사랑을 의미한다.

실지로 나이트프랭크는 순환경제circular economy 트렌드에 발맞춰 재활용이 가능한 재료로 만든 인테리어 마감재를 선택했다. 화학물질 배출이 적은 디자인 방식을 중시했다는 점도 빼놓을 수 없다. 사무실 입구에는 이끼를 보존한 녹색 벽면이 임직원과 고객을 맞이한다. ESG 철학을 입체적으로 시각화한 것이다. 나이트프랭크는 미학, 인체공학ergonomics, 기능성, 지속가능성을 두루 고려한 오피스 환경을 구현하는 데 무게중심을 두었다.

ESG 때문에 베트남과 태국에 투자 기회를 빼앗긴다면?

물론 아직 갈 길이 멀다. 여타 국가에서 'ESG 회의론'이 듬성듬성 제기되는 것처럼, 말레이시아에서도 ESG 원칙을 선제적으로 수용하려는 트렌드뿐 아니라 ESG 경영에 소극적인 분위기 또한 감지된다. 나이트프랭크는 말레이시아에서 ESG 도입을 가로막는 주요 요인이 비용 문제, 인식 부족, 데이터 부족이라고 분석했다. 그 외로는 ESG 프레임워크 표준화의 부족, 전문성 부족, 규제 및 정책의 불확실성 등이 뒤따랐다.

아울러 그린 리스Green Lease(친환경 임대차 동의서) 도입을 통한 여러 유형적인 이익(운영비용 절감, 입주자들의 건강권 보장 및 생산성 향상, 자산 가치 상승)에도 불구하고 아직 말레이시아 상업용 부동산 시장에서 그린 리스에 대한 관심은 미온적인 것으로 나타났다.

하지만 선웨이 리츠Sunway REIT가 그린 리스 파트너십 프로그램을 도입하는 등 고무적인 모습도 목격된다. 이 프로그램을 통해 임차인은 임대인과 긴밀히 협력해 스코프 3 배출량 감축에도 공동으로 진력하게 될 것이다.

상업용 부동산 시장에서 ESG 어젠다는 신축뿐 아니라 개축, 리모델링에 이르기까지 광범위하게 영향을 끼칠 것이다. 오피스, 리테일 등 상업용 부동산은 우리의 일상과 밀접히 맞닿아 있다. 그래서 기업, 투자자, 정부, 시민사회 등 다양한 이해관계자가 지금의 변화를 각자의 시각으로 찬찬히 지켜보고 있다.

ESG적 생각

ESG는 그저 허울 좋은 소리를 늘어놓는 레토릭이 아니다. 비즈니스 현실 그 자체다. ESG 때문에 투자 기회를 다른 나라에 뺏길 수 있다. 말레이시아에서 개최된 콘퍼런스에서 현지의 한 전문가는 몇 년 전 유럽과 미국의 투자자와 물류센터 거래를 협의하는 과정에서 말레이시아에 친환경 등급 물류센터가 부족하다는 이유로 태국으로 투자 기회가 넘어간 사례를 이야기한 바 있다.

그러면서 그는 청중들에게 이런 질문을 던졌다.

"베트남에는 있는데 말레이시아에는 없다면 우리는 어떻게 경쟁할 수 있을까요?"

우리 상황에 대입하면, 적이 무거운 질문이다. ESG는 이제 기업 간 경쟁을 넘어 국가 간 경합의 영역으로 격상됐다. 넓어진 무대, 긴장감과 기대는 늘 교차한다.

그린 리스, 임대차 계약도 이제 친환경적으로

'그린 리스Green Lease' 이야기를 해보려고 한다. 왜 리스 앞에 '그린'이라는 말이 붙은 것일까? 이유 없는 수식은 없을 터이다. '그린 리스'란 표준 임대차 약관이나 조항 외에 부동산을 둘러싼 여러 경제적·사회적 환경을 고려하고, 지속가능한 개발과 운용을 독려해 자연환경에 끼치는 부정적 영향을 최소화하는 데 방점이 찍힌 임대차 동의서이다.

그린 리스는 임대차 계약 시 건물의 친환경적 운영에 대해 임대인·임차인 양측 모두의 자발적인 협조를 유도하는 역할을 수행한다. 부동산 자산의 가치사슬 전반에 걸친 상호 책임성도 제고하고자 한다.

그린 리스라는 이름에서 알 수 있듯이 초기에는 분명 환경 요소(ESG 중 E)에 무게중심이 실렸었다. 최근에는 친환경을 넘어서,

사회적인 측면(ESG 중 S)도 강조되고 있다. 건물의 포용적 디자인 inclusive design 체계 구축, 임차인의 건강권 고려, 지역 커뮤니티 조성에 기여, 공급망의 지속가능성 점검 등이 이에 해당한다.

경제적 선순환을 이끄는 그린 리스

해외에서는 그린 리스에 대한 논의가 국내보다 훨씬 활발히 이뤄지고 있다. 미국 내 건물의 에너지 효율을 높이는 방식으로 기후변화 이슈에 대처하고 있는 비영리 단체NPO IMTInstitute of Market Transformation는 그린 리스를 통해 미국 오피스 빌딩의 공공요금을 제곱피트당 약 22% 절감할 수 있다고 분석한 바 있다.[1] 그린 리스가 그저 친환경적인 슬로건이 아닌, 경제적으로도 이로운 수단이 될 수 있다는 것이다.

이 이로움은 임대인, 임차인 모두에게 적용된다. 임대인은 그린 리스를 도입함으로써 최근 화두가 되는 '브라운 디스카운트'의 위험을 사전에 차근히 대비할 수 있다. 임차인은 보다 친환경적인 건물에서 비즈니스를 영위할 수 있게 되고, 유틸리티 비용 절감의 혜택도 누릴 수 있다.

---

[1]   JLL. (2021). How are green leases supporting real estate's decarbonization drive?

이는 선순환을 불러일으킨다. 친환경적인 건물에 입주 의사가 강한 곳들은 대부분 신용도가 높은 대기업 혹은 글로벌 금융사이기에, 임대인은 우량한 임차인을 확보하기가 더욱 용이해진다. ESG 어젠다에 참여도가 높은 우량 임차인과 협업하면서 에너지 비용을 낮추고, 부동산의 탈탄소화에도 속도를 내 건물의 순운영소득NOI을 제고할 수 있다. 임차인 입장에서도 임직원의 근무 만족도를 높이고, 인재 유치에도 힘을 받을 수 있게 된다.

규제 압력, 그린 리스의 도입을 가속하다

그린 리스의 도입은 또 다른 맥락에서도 가속화될 수 있다. 바로 '규제 압력'이다. 싱가포르에서는 싱가포르 건설청BCA, Building and Construction Authority의 친환경 건물 등급 시스템에 따라 친환경 인증을 받아야 한다. 모든 신축 건물은 이전보다 더욱 엄격해진 지속가능성 기준을 통과해야 한다.

영국에서는 앞으로 EPCEnergy Performance Certificates(에너지 효율 인증) 등급이 표준 이하인 건물의 임대가 금지된다. EPC는 에너지 효율에 따라 건물을 A~G 등급으로 분류해서 평가하는데, 잉글랜드와 웨일스의 EPC 등급 중간값은 D로 추정된다. 이는 규제의 영향을 받는 건물의 수가 상당할 것임을 시사한다. 게다가 영국 그린빌딩위원회 UKGBC, UK Green Building Council에 따르면, 영국 전체 온실가스 배출량의 약 40%는 건축 환경에 기인하는 것으로 드러났다. 임대차 계약에 변화가 불가피한 상황이다.

물론 그린 리스의 도입과 적용이 말처럼 쉽기만 한 것은 아니다. 조항의 강제력, 구속력에 대한 의견이 아직 분분하고, 빌딩 에너지 효율 개선에 대한 비용 분담 문제도 간단치 않다. 또 임대인이 '정량화할 수 있는 손실quantifiable loss'을 제시하기 어려운 구조이기에, 그린 리스 조항 위반에 대한 객관적인 손실 입증이 어렵다는 점도 논란거리다.

이러한 도전 과제에 대한 해결방안도 모색되고 있다.

첫째, 구속력 문제는 임대차 계약 본문이 아닌 부속 문서로 시작해 점진적으로 통합하는 방식으로 접근할 수 있다. 둘째, 비용 분담 문제는 '에너지 성과 계약'을 활용해 초기 투자비용을 에너지 절감액으로 상환하는 구조를 도입할 수 있다. 셋째, 조항 위반에 대한 제재보다는 준수에 대한 인센티브를 강화하는 방향으로 계약을 설계하는 것이 효과적이다. 넷째, 정기적인 지속가능성 보고와 투명한 데이터 공유를 통해 상호 신뢰를 구축하는 것이 중요하다.

그럼에도 도저한 ESG 물결은 상업용 부동산 업계에서 임대차 계약의 문법을 바꾸고 있다. 조항의 해석과 적용은 '각론'이다. '총론'

차원에서 그린 리스의 영향력은 점점 커지고 있다. 글로벌 부동산 컨설팅 회사 존스랑라살은 앞으로 아시아 태평양 지역에서 주요 임차인의 다수가 어떤 형태로든 그린 리스를 체결할 것으로 전망했다. 이에 아태 지역에서 지속가능성 기준을 충족하는 상업용 빌딩에 대한 수요는 공급을 앞지를 수 있다.

글로벌 부동산 투자운용사인 세빌스인베스트먼트매니지먼트는 전 세계 기관투자자의 70% 이상이 몇 년 안으로 임차인과 임대인 혹은 부동산 운용사 사이에 그린 리스 조항이 보편적으로 도입될 것으로 내다봤다. 미국에서는 2014년부터 '그린 리스 리더스Green Lease Leaders'라는 단체가 임대인과 임차인에게 그린 리스 조항을 위해 협력하는 방법에 대해 조언하고 있다.

국내에서는 마스턴투자운용과 같은 대체투자 전문 자산운용사가 그린 리스를 도입했다. 건물의 지속가능성을 증진하기 위함이다. 마스턴투자운용은 그린 리스에 불필요한 에너지·물 사용량 감축, 태양광 등 대체 에너지 사용, 건물에서 발생하는 온실가스, 오염수, 폐기물 감축 등 환경을 보호하기 위한 실질적인 운영 방식을 명문화했다. 더불어 지역사회 공동체를 고려한 공익행사 유치 등과 같은 Ssocial 요소도 보강했다.

'그린 프리미엄' 현상으로 인해 그린 리스는 자산의 지속가능성뿐 아니라 수익성에도 도움을 줄 것으로 보인다. 앞으로는 그린 리스에 E(환경), S(사회)뿐 아니라 G(거버넌스) 요소까지 강화해 'ESG 리스'로 논의의 수준을 격상해 보면 어떨까 싶다. 이제는 임대차 계약서에도 ESG 철학이 스며들고 있다. 이 계약에 기꺼이 동참하는 산업계와 투자자들이 늘어나는 것이 지속가능한 미래를 위한 첫걸음이 될 것이다.

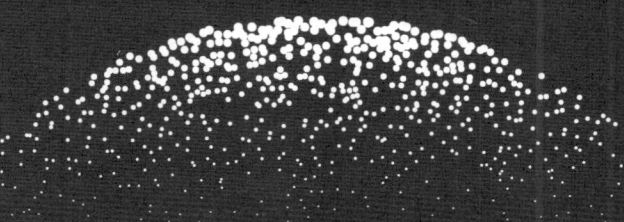

PART
3

ESG 담론의 확장과
논의의 숙성

기후격차, 기후위기가 만드는
새로운 불평등의 시대

　기후위기가 전 지구적 과제라는 명제에는 많은 이가 동의한다. 그러나 이 위기가 모든 이에게 동일하게 영향을 미치는 것은 아니다. 온실가스 배출 책임, 기후변화의 피해, 그리고 대응 능력에서 사회계층 간, 지역 간 상당한 격차가 존재한다. 이것이 바로 '기후격차 Climate Divide'의 핵심이다. 기후격차는 환경 이슈를 넘어 사회 구조적 불평등의 새로운 형태로 이해해야 한다. 기후위기는 기존의 사회경제적 불평등을 확대하는 증폭기amplifier 역할을 하고 있다.

기후격차의 실태와 증거

경기연구원의 〈경기도 기후격차 실태조사 연구〉[1]는 이러한 현실을 잘 보여준다. '기후격차'란 '기후위기 대응을 위한 탄소중립 사회로의 전환 과정에서 위험 노출, 취약성, 대응 능력의 차이로 인해 계층 간 및 지역 간 불평등이 커지는 것'을 의미한다. 경기도 내에서도 이 격차는 명확하게 나타난다.

화성, 평택, 파주 등 온실가스 배출량이 많은 지역과 과천, 가평, 연천 등 배출량이 적은 지역 간의 차이가 뚜렷하다. 특히 주목할 점은 경기도 31개 기초지자체 중 상위 10%의 지역이 하위 61% 지역을 합친 것과 비슷한 수준의 온실가스를 배출한다는 사실이다. 소득수준이 높은 지역일수록 온실가스 배출량이 많고, 최상위 소득가구는 최하위보다 약 42.7%나 더 많은 온실가스를 배출하는 것으로 나타났다.

뒤집힌 책임과 피해의 역설

그러나 기후위기의 피해는 이와 다른 패턴을 보인다. 온실가스

---

1   고재경 외. (2024). 경기도 기후격차 실태조사 연구. 경기연구원 정책연구, 2024-55.

배출량이 적은 경기 북동부 도농복합지역은 오히려 자연재해 피해가 심각하며, 소득이 낮을수록 기후변화로 인한 건강 피해와 실제 경험이 더 많은 것으로 조사되었다. 건강보험공단 자료에 따르면, 기후 질환으로 인한 건강위험은 저소득층에서 더 높게 나타났다.

더욱 우려되는 점은 기후위기 대응 능력의 격차다. 고소득 지역은 전반적으로 더 높은 회복력을 갖추고 있으며, 탄소중립 전환 잠재력도 우수한 것으로 평가되었다. 소득이 높을수록 기후변화 피해 예방 활동에 더 적극적이고, 재생에너지 사용과 투자 기회를 더 많이 활용하는 경향이 있다. 이는 결국 기후위기 대응 과정에서 기존의 사회경제적 불평등이 더욱 심화될 수 있음을 시사한다.

주목해야 할 점은 기후변화로 인한 불평등 문제가 단지 선진국과 개발도상국 사이의 문제만이 아니라는 것이다. 국가 내에서도 계층 간, 지역 간 차이가 점점 더 벌어지고 있으며, 이는 기존의 사회적, 경제적 취약성을 더욱 악화시키는 요인으로 작용하고 있다. 기후변화는 이미 존재하는 빈곤과 서비스 접근성 문제를 심화시키며, 이로 인해 불평등의 악순환이 발생하고 있다.

이러한 상황은 디지털 격차Digital Divide와 유사한 메커니즘을 보인다. 디지털 접근성과 리터러시의 차이가 사회경제적 불평등을 심화시키듯, 기후격차 역시 악순환의 고리처럼 작동하여 불평등을 가

속할 위험이 있다. 기후변화의 책임, 영향, 대응 능력의 차이는 서로 연결되어 있으며, 이 차이가 심화할수록 사회는 더욱 분절될 가능성이 크다.

디지털 격차 해소를 위해 기업들이 디지털 접근성 향상과 교육 프로그램을 지원했던 것처럼, 기후격차 해소를 위한 기업의 적극적인 역할이 필요하다. 특히 재생에너지 접근성 향상, 에너지 효율 개선 기술의 대중화, 그리고 취약계층 대상 기후적응 프로그램 지원 등은 ESG 경영을 실천하는 기업이 고려해야 할 핵심 과제이다.

기후 아파르트헤이트의 위험

이러한 현상은 '기후 아파르트헤이트Climate apartheid'[2]라는 개념으로 이해할 수 있다. 2019년 오스트레일리아 출신의 필립 알스턴Philip Alston 유엔 빈곤·인권 특별보고관은 부유층이 경제적 수단을 통해 기후위기의 영향을 회피하는 동안 대다수는 극심한 기후변화 영향에 그대로 노출되는 상황에 대해 경고했다. 이는 해수면 상승, 폭염, 홍수와 같은 기후위기의 영향이 사회경제적 지위에 따라 차별적으

---

[2]   Damian Carrington. (2019). "'Climate apartheid': UN expert says human rights may not survive". The Guardian, 6.25.

로 나타나는 현상을 의미한다.

　재정적 여유가 있는 지역은 해안 방벽 구축, 하수도 시스템 개선 등을 통해 기후변화에 적응할 수 있지만, 자원이 부족한 지역은 이러한 대응이 불가능하다. 결과적으로 기후위기는 부유층과 빈곤층 간의 격차를 더욱 확대하고, 취약계층의 인권마저 위협하는 상황을 초래한다.

　한국전력과 경기도가 기후격차 해소를 위해 12개 시군 사회복지 시설 310곳을 대상으로 '기후격차 해소 복지시설 냉·난방기 지원 사업'을 실시하는 것은 이러한 문제의식에 기반한 실질적 노력으로 볼 수 있다.[3] 고효율 냉·난방기를 지원함으로써 에너지 효율을 높이고 취약계층의 기후변화 적응력을 강화하는 것이다.

　하지만 이러한 개별 사업을 넘어, 기후격차 해소를 위한 종합적인 접근이 필요하다. 경기연구원이 제안한 바와 같이, 기후위기 취약지역에 대한 집중 지원, 깨끗한 에너지에 대한 기본권 보장, 중소기업과 노동자들의 정의로운 전환 지원, 그리고 기후격차 지수 개발과 실태조사 등이 핵심적인 정책 방향이 될 수 있다.

3　김춘성. (2025). "경기도-한국전력, 사회복지시설 310개소에 고효율 냉·난방기 설치 지원". 디지털타임스, 3.28.

기후격차 해소는 단순히 환경정책의 문제가 아니라 사회정의의 문제이다. 기후위기 대응이 또 다른 형태의 불평등을 심화시키지 않도록, 우리는 기후정책을 설계할 때 형평성과 정의로운 전환의 관점을 핵심에 두어야 한다. 기후위기 시대에 우리가 어떤 사회를 만들어갈 것인가의 문제는 결국 우리의 민주주의와 사회정의에 대한 가장 근본적인 시험이 될 것이다.

극점 사회의 대안,
로컬과 ESG의 창의적 결합

'로컬'이 화두다. 로컬의 지속가능성은 사회의 지속가능성, 국가의 지속가능성과 연결된다. 지역의 인구가 급감하면 상권이 붕괴하고, 전반적인 지역경제는 큰 타격을 입게 된다. 기업은 그 지역을 떠나게 되고, 일자리는 더 줄어들며, 세수 또한 감소한다. 이렇게 되면 더 많은 사람이 지역에서 이탈하는 악순환이 이어질 것이다. 지역은 쇠퇴하고, 나아가서 소멸하게 된다.

소멸消滅. 사라져 없어진다는 의미를 갖는, 사실 일상에서는 그리 쓸 일이 많지 않은 무거운 단어다. '지방 소멸'. 소멸의 대상이 지방이라니 기괴하기 짝이 없다. 지방 소멸이 본격적으로 논의의 테이블에 오른 지 이제 10여 년이 지났다.

일본 지자체 절반의 소멸을 언급한 마스다 히로야의 경고

당시 일본 이와테岩手현 지사와 총무상을 역임한 마스다 히로야 増田寛也는 2040년까지 일본의 기초지자체 중 49.8%가 소멸할 것이라고 경고했다. 우리나라의 읍·면·동·리에 해당하는 896개의 지역 (시·구·정·촌市區町村)이 사라질 수 있다는 섬뜩한 분석이었다.

그는 대도시만 살아남는 '극점極點 사회'가 올 것이라고 예측했다. 모든 인적·물적 자원이 수도 도쿄에 집중되고, 도쿄로 모여든 젊은 이들은 저임금과 고물가 등으로 인해 결혼과 출산을 유예하다가 결국 포기하기에 이른다. 저출산 문제가 장기화하면서 종국에는 도쿄가 축소되고, 일본이 파멸한다는 것이 이른바 '마스다 리포트'의 골자다. 이 리포트는 이후 『지방 소멸』이라는 책으로 재탄생한다.[1] 이 책의 출간 시점이 2014년(국내 번역은 2015년)이다.

그로부터 10여 년이 지난 지금, 한국은 여타 선진국 대비 수도권 집중도가 압도적으로 높은 '극점 사회'가 됐다. 특히 2, 30대 청년층의 수도권 유입은 더욱 가속화되고 있다. 『지방 소멸』에서 진단했던 일본의 여러 문제점은 한국에서도 여과 없이 공통으로 벌어지고 있다.

---

[1] 마스다 히로야. 김정환 역. (2015). 『지방 소멸 - 인구감소로 연쇄 붕괴하는 도시와 지방의 생존 전략(地方消滅 - 東京一極集中が招く人口急減)』 와이즈베리.

로컬의 지속가능성과 다양성 담론의 성숙도

ESG의 렌즈로 로컬을 바라볼 필요가 있다. 기업의 지속가능경영도 로컬의 지속가능성과 밀접히 맞닿아 있다. 마스다 히로야는 국내 매체와 가진 인터뷰에서 '외국인 10% 시대'를 대비해야 한다고 말했다. "지방 활성화는 외국인 수용에 대한 논의를 빼놓고 얘기할 수 없다."라며 '냉정한 논의'를 주문했다.[2]

이 또한 지금 우리 사회에도 시사하는 바가 큰 메시지다. 이민정책에 대한 논의가 왕성한 요즘, 우리는 얼마나 '외국인 수용'에 대해 '냉정한 논의'를 할 준비가 된 것일까? DEI 중 다양성 담론은 어느 정도로 성숙한 것일까? 다문화 사회에 대해서는 얼마나 열린 마음을 갖고 있을까? 아직 우리 사회에서 어떤 정책 도입에 대한 '공적 판단'은 이 정책을 주도하는 진영이나 인물에 대한 '사적 평가'에 가려지는 경우가 허다한 점이 아쉬울 따름이다.

---

2 오영환. (2023). "저출산 대책 향후 몇 년이 마지막 기회⋯외국인 절반인 도시 나올 것". 중앙일보, 8.17.

ESG, '평가'를 넘어 '사회과학적 의제'로 지위 격상

로컬로 눈을 돌렸을 때 고려해 볼 수 있는 주제는 무궁무진하다. 지방 소재 대학교의 경쟁력, 학생들의 지역 내 취업 등은 교육 및 일자리 이슈와 직결되며, 여기서 기업의 역할론이 고개를 들 수 있다. 지역 기업들이 지방대학과 산학협력을 강화하고, 지역인재 채용을 확대하는 전략은 로컬의 지속가능성에 직접적인 기여를 할 수 있다.

정치학의 현미경을 들이밀면, 지역 정당에 관해서도 다각도로 생각해 볼 수 있다. 지역 정당을 한국 사회의 병폐인 지역주의를 부추기는 구시대적 산물로만 볼 것인지, 지역의 이슈를 해결하고자 자생적으로 조직된 결사체로 볼 수는 없는지, 쉽게 결론 내기 어렵고 철학적인 고민거리를 듬뿍 배태하고 있다.

또 로컬의 개념 자체에 대해서도 다양한 의견을 제기할 수 있다. '로컬=지방'으로 보는 것이 타당할까? 수도권에 소재했으면 로컬의 범주에 들어갈 수 없는 것일까? 로컬은 상대적인 개념이 아닐까? A 지역이 B 지역보다는 로컬의 성격을 가질 수 있지만, C 지역과 비교하면 이른바 대도시의 기능을 수행할 수도 있으니 말이다.

아울러 로컬을 바라보는 시선과 태도도 되짚어봐야 한다. 로컬을 그저 단순히 활성화해야 하는 '대상'으로만 끝없이 객체화하는 것은 아닌지. 마치 선진국이 개발도상국을 바라보듯, 대도시라는 이유로 서푼짜리 선민의식을 갖고 있는 것은 아닌지. 지속가능한 정주 여건은 면밀히 고려하지 않고 하루 이틀짜리 관광 및 여가 콘텐츠로만 로컬을 소비하려고 하는 것은 아닌지. 인스타그램 등 SNS에 올릴 수 있는 '힙'한 명소로만 로컬을 인식하고 있는 것은 아닌지.

알게 모르게 나오는 이런 태도와 편벽된 서울 중심적 인식이 로컬 입장에서는 중앙(수도권)이 지방을 경제적, 문화적으로 종속시키는 형태의 '내부식민지internal colony'[3]를 연상케 하지 않을지 깊이 생각해봐야 한다.

ESG적 사유와 자세를 호출할 시점이다. ESG로 모든 문제를 해결할 수는 없지만, ESG가 지방 소멸 이슈를 다루는 데 있어 문제 해결의 실마리가 될 수는 있다. ESG와 로컬이 결합하면, 어떤 맥락에서든 ESG는 사회과학적 의제로 치환된다. KCGS 등 평가기관에서 좋은 성적표를 받는 것이 ESG의 전부인 양 오독하는 이가 많은 상황에서 ESG 담론의 지위 격상이 갖는 의미는 작지 않다(ESG 평가가 중요하지 않다는 것이 아니다. ESG 평가 결과로 ESG의 A부터 Z까지 한 번에 재단하려 하고, 평가 이외의 것들을 소홀히 여기는 것에 문제의식을 느끼고 있을 뿐이다).

---

3   강준만. (2008). 『지방은 식민지다! - 지방자치.지방문화.지방언론의 정치학』 개마고원.

ESG적 생각

ESG를 고민하는 이들에게 로컬은 또 다른 주요 키워드가 될 수 있으리라 생각한다. 유엔의 지속가능발전목표 11번 '지속가능한 도시와 공동체 Sustainable Cities and Communities'와도 결부된다. 극점 사회에서 ESG라는 접근법은 여러모로 긴요할 것이다.

CSIR에도
눈을 돌려야 한다

기업의 사회적 책임Corporate Social Responsibility(이하 CSR)을 강조하는 목소리가 거세다. 이전보다 여러 측면에서 개선이 이뤄졌다지만, 여전히 CSR이라는 개념은 생명력을 잃지 않고 있다. 이는 그만큼 사회적 책임에 소홀한 기업이 적지 않다는 방증일 게다.

CSIR의 맥락에 대한 몰이해와 CSR 담론의 불완전성

학계에서나 언론에서 CSR은 자주 접할 수 있는 키워드다. 그에 반해 CSIRCorporate Social Irresponsibility(기업의 사회적 무책임)을 이야기하는 경우는 드물다('기업의 사회적 무책임'을 일컫는 약어 표기로는 CSIR, CSiR, CSI 등이 쓰이고 있는데, 이 글에서는 CSIR로 표기하고자 한다). '무책임Irresponsibility'의 배경과 맥락에 대한 이해가 선행되지 않은 채, 그저 당위적 측면에서 '책임'을 강조하고 호소하는 것에는 한계가 자명하다.

단어 자체만 보면 CSR과 CSIR은 정반대의 개념 같아 보인다. 무책임은 책임의 반의어이고, 영어로 봐도 접두사 ir이 괜히 붙은 게 아닐 터이니 말이다. 물론 학자마다 관점 차가 있다. CSIR을 CSR의 반대 개념어로 보기도 하고, CSIR을 CSR과 독립적인 차원에서 바라보기도 한다. CSIR을 어떻게 정의하든, CSIR에 무게중심을 두고 논의를 이어가려는 시도는 그 자체로 귀하다. CSIR을 입체적으로 바라보고 그 전후 맥락을 면밀히 파악하는 것은 CSR 담론을 더욱 성숙하게 하는 데 분명 도움을 줄 것이다.

'무책임'의 넓은 스펙트럼, 그리고 도덕 면허와 도덕 세탁

CSIR을 두 층위로 나눠 볼 수도 있다. 한글로도 '무책임'이 규정하는 스펙트럼은 매우 넓지 않은가. 좀 더 적극적인 의미의 '악의적 행위'가 있을 수 있고, 보다 소극적인 의미로는 그 어떤 법규도 위반하지 않았지만 '좋은 일을 행하지 않는 것'이 있을 수 있다.

CSR과 CSIR의 선후 관계는 상황에 따라 달라질 수 있다. 도덕 면허moral licensing 관점에서는 시간상으로 앞선 CSR이 차후 노정되는 CSIR의 면죄부로 기능한다. 과거의 사회적 책임이 현재 혹은 미래의 사회적 무책임에 일부나마 정당성을 부여해 주는 꼴이다. 과거의 비윤리적 행태를 사후에 CSR 등을 통해 만회하고자 하는 것은 도덕 세탁moral cleansing이라고 할 수 있다. 도덕 균형 기제moral balancing mechanism는 도덕 면허와 도덕 세탁 모두에서 작동한다.[1]

우리는 '도덕 균형'을 맞추고자 하는 습성이 있다. 비도덕적 행위에 대해서는 사후적으로라도 도덕적 행위를 통해 그 부정적 여파를 상쇄하고자 하는 것이다. 반대의 힘도 물론 작용한다. CSIR 또한 이런 도덕 균형 기제 아래 번식하곤 한다.

CSIR을 강조하는 것은 그저 어떤 기업을 '단죄'하자는 데 있지 않다. 무책임한 경영 행태에 대한 합리적인 비판이야 수반될 수 있겠으나, CSIR의 행태를 정교하게 분석해 CSIR을 줄여나가자는 메시지가 골자다. 결국은 CSIR이 차지하는 음습한 공간을 CSR에 내주기 위함이다.

1 김우섭, 김태윤, 민재형. (2022). 기업의 도덕 면허와 도덕 세탁에 관한 탐색적 연구: 기업의 사회적 책임과 사회적 무책임 성향 변화를 중심으로. 윤리경영연구, 22(1), 115-149.

득표(CSR)와 감표(CSIR)의 이중주

그간 우리는 득표에만 혈안이 되어 있었다. 득표 못지않게 감표 방지도 중요하다. 범박하게 구획하자면 CSR은 득표, CSIR은 감표다. 감표 대책이 마련되어야 득표에 추동력이 붙기 마련이다. 늘 그렇듯 득표보다 감표가 더 뼈아프다. 선거를 떠올려보면 이해하기 쉽다. 선거 후반부로 갈수록 당 지도부는 '말실수 주의령'을 내리곤 한다. 막판의 실언이나 추문 등으로 승패가 뒤집히는 경우가 허다하기 때문이다. 감표의 가공할 위력이다.

그동안 우리가 CSR에만 눈을 돌렸던 것은 늘 '플러스'에만 관심을 두었기 때문이다. 스포츠에 비유하면 '득점'에만 집중한 것이다. 한데 '실점'을 줄여야 승리를 거머쥘 수 있다. 야구 경기에서 실점후 페이스를 잃고 급격히 무너지는 경우를 왕왕 보게 된다. 비즈니스 세계에서는 CSIR이 곧 실점일 터이다.

실제로 CSR이 곧 고객 만족도 제고로 이어지지는 않지만, CSIR은 고객 만족도에 부정적 영향을 끼친다(기업의 사회적 무책임 활동은 고객 만족도와 음의 관계를 가진다)는 연구 결과도 있다.[2]

고객들은 점점 기업 차원에서 주관하는 각종 사회공헌활동을 당

---

2   오한나. (2023). 기업의 사회적 책임과 무책임 활동이 소비자 만족도에 미치는 영향: 기업 가시성의 비대칭적 조절 효과를 중심으로. 경영연구, 38(2), 21-39.

연시하는 경향이 있다. 즉, CSR은 기본이라는 것이다. '당연'하고 '기본'적이라는 인식이 깔려 있으면, 자연히 CSR로 인한 고객 만족, 고객 감동의 상승 잠재력은 기대에 못 미칠 공산이 크다.

CSR과 CSIR에 대한 또 다른 흥미로운 연구 결과에 따르면, 온라인 환경에 친숙한 MZ 세대의 경우, 브랜드 거리감Brand Distance이 가까우면 지각된 CSR 활동에 대한 온라인 구전 의도가 더 높았고, 브랜드 거리감이 멀 때는 지각된 CSIR 활동에 대한 온라인 구전 의도가 더 높았다.[3]

즉, 정서적 거리가 멀고 정보가 부족한 브랜드에 대해서는 상대적으로 부정적인 구전이 일어날 가능성이 크다는 것을 의미한다. 동시에 기업의 윤리경영에 높은 가치를 부여하는 MZ 세대는 자신이 친숙하다고 느끼는 브랜드에는 더 높은 수준의 CSR을 기대할 것이다. 이 기대치에 따라 브랜드를 바라보는 태도와 감정이 달라질 수 있다.

반면 CSIR이 주는 부정적 여파는 크다. 미디어도 그 생리상 소비자의 긍정 반응보다는 부정 반응에 더 시선을 둘 것이다. 날카로운

---

3 정혁진, 김한구. (2023). MZ 세대가 지각하는 기업의 사회적 책임과 무책임이 브랜드 거리감에 따라 온라인 구전 의도에 미치는 영향: 브랜드 동일시와 이기적 동기추론의 매개 효과. 소비문화연구, 26(2), 67-90.

보도가 이어지면 기업의 평판 리스크는 점증하게 되고, 기업을 둘러싼 고객과 이해관계자들의 실망감이 커지는 악순환이 이어진다. 인간이란 본디 이익보다 손실에 민감한 법인데, 득표는 못 할망정 감표라니. 감표는 고객 이탈로 인한 시장점유율 하락, 최악의 경우엔 시장 퇴출까지 야기할 수 있다. CSIR을 사전에 방지 혹은 축소하지 못한 처참한 후과다.

스포츠의 경우 한 경기를 지면 다음 경기에서 설욕을 다짐할 수 있다. 그러나 비즈니스 환경에서는 소비자가 기업의 비윤리적 행태에 실망해 마음을 돌리면, 만회할 기회 자체가 봉쇄될 수 있다. 온라인에서 유통되는 정보가 기업 평판과 이미지에 큰 영향을 미치는 현시점에서, CSIR 행태를 사전에 철저히 관리하고 브랜드 거리감을 좁힐 방안을 다각도로 강구해야 한다.

플러스뿐 아니라 마이너스에도 주목해야 한다. 보다 정확하게는 플러스를 늘리려는 것뿐 아니라 마이너스를 줄이려는 것에도 신경을 써야 한다는 것. CSIR이 소거된 CSR 담론은 불완전하며 공허하다. 그런 점에서 CSIR은 더욱 연구되어야 하고, 기업의 평판과 매출 측면에서 감표 요인이 될 만한 것들은 사전에 유기적으로 관리되어야 한다.

ESG적 생각

경기 후 패인을 분석하고 실점 요인을 보완하기 위해 노력하듯, 기업도 CSR뿐만 아니라 CSIR에 대해서도 성찰적인 평가를 진행해야 한다. 보다 긴 호흡으로 CSR과 CSIR를 고민해야 할 시점이다. 득점뿐 아니라 실점 요인도 냉철하게 진단해야 한다. 그럴 때 이전보다 더욱 견고한 CSR 전략이 수립될 수 있을 것이다. 그것이 '책임CSR'뿐 아니라 '무책임CSIR'을 연구하고 고민해야 하는 이유다.

'접근Access'과
'모두를 위한for All'에 집중해야

2024년 BBC 소속 언론인이 비행기 기내 바닥에서 힘겹게 기어가야 하는 일이 발생했다. 20년 전 사우디아라비아에서 충격을 맞아 하반신이 마비된 프랭크 가드너Frank Gardner는 화장실을 가기 위해 육체적인 불편과 심리적인 굴욕을 동시에 견뎌내야 했다. 기내용 휠체어가 없었기 때문이다.[1]

---

1   Jamie Grierson. (2024). "BBC's Frank Gardner criticises airline after crawling to toilet on flight". The Guardian, 10.1.

기내용 휠체어의 부재로 화장실까지
기어가야 했던 BBC 언론인

가드너의 SNS에는 바닥에 힘없이 놓여 있는 그의 두 다리와 꼿꼿이 서 있는 다른 승객의 다리가 함께 찍힌 사진이 올라왔다. 그는 기내에 휠체어를 두지 않는 것은 걸을 수 없는 사람들에게 명백히 차별적인 조처라고 지적했다.

사진 한 장이 주는 여파는 만만치 않았다. 많은 이의 공분을 샀다. 이내 이 폴란드 항공사는 이 사건에 대해 정중히 사과했다. 현재 장거리 항공편에서는 휠체어를 이용할 수 있으나, 단거리 항공편에서는 기내용 휠체어를 장착하지 못했다고 설명했다. 항공사는 접근성 accessibility의 중요성을 충분히 인지하고 있으며, 근 시간 내 단거리 항공편에도 휠체어 이용이 가능하도록 테스트하고 있다고 덧붙였다.

접근성에 대한 보다 깊은 고민 필요

일견 훈훈하게 마무리되었다고 볼 수도 있겠지만, 한편으로는 2024년에도 이런 일이 벌어지고 있다는 것에 뒷맛이 개운하지 않다. 또 BBC라는 세계적인 미디어에 재직하는 언론인이 사건의 당사자가 아니었다면, 항공사에서 이렇게 신속하게 입장을 발표했을까?

위 사건을 공유한 포스팅에 달린 여러 댓글을 보았다. 비행기에 장애인용 화장실이 없어서 비행 24시간 전에는 수분 섭취 자체를 자제하는 사람이 있는가 하면, 비상 상황이 발생하면 다른 승객에게 방해가 될 수 있기에 통로 좌석에 앉을 수 없다는 답변을 받은 시각 장애인도 있었다(그는 결국 가족 옆에 앉을 수 없었다).

기업 이미지 측면뿐 아니라 수익 측면에서도 위와 같은 행태는 재고되어야 한다는 의견도 있다. 접근성이 결여된 여행은 한 장의 티켓만 덜 팔리게 하는 것이 아니다. 함께 여정을 떠날 수 있는 가족, 친구들의 티켓까지 판매가 되지 않을 것이다. 접근성을 배려와 복지의 관점에서만 볼 일이 아니다.

패럴림픽 폐막이 직장 내 포용성에 던지는 5가지 메시지

지금은 1970년이 아니라 2024년이며, 걸을 수 없으면 비행기 내 화장실에 갈 수 없다는 정책으로 영국 공항을 드나드는 항공사가 있다는 것은 놀라운 일이라고 일갈했던 프랭크 가드너. 같은 해 프랑스로 시선을 돌려보자. 그해 9월 파리에서 패럴림픽이 폐막했다. 우리 선수단은 금메달 6개, 은메달 10개, 동메달 14개로 목표를 초과 달성하는 개가를 올렸다. 패럴림픽의 상징인 아지토스Agitos기는 차기 개최지인 미국 로스앤젤레스로 넘어갔다. 패럴림픽이 가져다

준 울림은 비단 스포츠 영역에 국한되지 않는다. 보스턴컨설팅그룹
(이하 BCG)은 패럴림픽이 직장 내 포용성에 던지는 5가지 교훈을 정
리했다.[2]

1. 우수성을 키울 것
2. 공평하고 포용적인 디자인을 수용할 것
3. 정직과 진정성을 장려할 것
4. 포용적이고 정확한 언어를 사용할 것
5. 인간의 적응력을 믿을 것

NDEAM의 2024년 주제는 '모두를 위한 좋은 일자리 접근'

세계보건기구who는 전 세계적으로 약 13억 명이 심각한 장애를
경험하고 있다고 추산한 바 있다. 이는 전 세계 인구의 약 16%에 달
한다.[3] 작은 수치가 아니다. 장애가 있는 사람과 그렇지 않은 사람은
사회에서 함께 살아가게 되어 있다.

---

2   BCG. (2024). Five Lessons from the Paralympics About Workplace Inclusion.
3   WHO 홈페이지 참고.(Home/Health topics/Disability)

장애인에게 편한 공간과 서비스는 비단 장애인에게만 이로운 것이 아니다. 접근성을 제고하는 방향으로 상업용 업무 공간 설계에 변형을 줬다고 가정해 보자. 필자같이 유모차를 끌고 다니는 아이 아빠에게도, 노인에게도, 높은 굽의 구두를 신은 누군가에게도 편리함을 가져다줄 것이다. 이러한 유니버설 디자인의 원칙은 다양한 사용자의 니즈를 충족시키는 동시에, 기업의 잠재 고객층을 확대하는 전략이기도 하다.

 ESG적 생각

직장도 마찬가지 아닐까. 미국의 10월은 '전국 장애인 고용 인식의 달 NDEAM, National Disability Employment Awareness Month'이다. 이는 미국 노동부가 후원하는 연례행사로 장애인이 미국 전역의 직장과 경제에 가치를 더한다는 사실을 강조한다. 2024년 주제가 인상적이다. '모두를 위한 좋은 일자리 접근Access to Good Jobs for All'이다.[4] 가드너가 겪었던 일, BCG의 메시지, 그리고 지금 우리가 사회에서 직면하고 있는 것들을 복기해 보자. 우리도 '접근Access'과 '모두를 위한for All'에 집중하고 고민할 때다.

---

4   Diane Winiarski. (2024). "National Disability Employment Awareness Month Promotes Access To Good Jobs". Forbes, 10.2.

'다양성 피로감'과 '숨겨진 초능력' 사이

　다양성 피로감diversity fatigue. 외신에서는 종종 볼 수 있는 표현이다. 1990년대부터 본격적으로 운위되었으니, 미국에서는 이미 약 30년 정도의 역사를 가진 언어다. 의미는 단어 자체에서 어렵지 않게 유추할 수 있다. 다양성, 최근 부상하는 개념으로는 DEIDiversity, Equity, and Inclusion(다양성, 형평성, 포용성)로 인해 모종의 피로감을 느낀다는 것이다.

　애초에 이 용어는 채용뿐 아니라 리텐션retention(유지) 측면에서 인력을 다양화해야 한다는 움직임 혹은 주장과 관련한 유무형의 스트레스를 의미했다. 최근에는 다양성을 주제로 이야기하는 것 자체에 지친 사람들, 혹은 (아직도 좀처럼 쉬이 개선되지 않는) 다양성 부족에 환멸을 느끼는 부류까지 개념이 확장됐다.

흔들리는 포용성 어젠다의 토대

DEI가 조직문화 측면뿐 아니라 채용이나 투자 측면에서도 기업에 이익을 가져다줄 수 있다는 분석이 나오고 있음에도, ESG에 대한 대항 논리가 왕성하게 제기되는 것처럼 DEI 또한 적잖은 어려움에 부딪히고 있다. 특히 코로나 19 팬데믹은 '포용성 어젠다inclusivity agendas'에 심대한 타격을 줬다. 팬데믹 기간 경제적, 정치적 양극화가 심화하며 사회적 포용성에 대한 심층 토론과 공감대 형성에 차질이 생긴 것이다.

비즈니스 현장에서 느끼는 위기감은 더욱 크다. 2018년부터 2021년까지 스탠더드앤푸어스S&P 500대 기업의 다양성 리더 6명 중 1명이 자리를 떠났다는 분석[1]은 실로 뼈아프다. 이는 기업들이 DEI가 조직에 정착하는 데 충분한 시간과 자원을 투자하지 않고 있으며, DEI 책임자들은 회사의 지원 부족으로 직무 수행에 큰 어려움을 겪고 있음을 시사한다.

DEI는 삽시간에 이뤄지는 단기성 프로젝트가 아니다. DEI가 이끄는 진전 자체가 더디기 때문에 다양성과 형평성, 포용성을 향한 실질적인 변화에 속도를 내기 위해서는 어떤 방향성과 전략이 효과적인지 보다 명징하게 파악할 필요가 있다.

---

1 Russell Reynolds. (2021). Positioning Your Chief Diversity Officer For Top Performance.

DEI의 성공 요인 5가지

세계경제제포럼WEF·맥킨지앤컴퍼니McKinsey&Company 등이 협업하여 공개한 보고서(《Global Parity Alliance: Diversity, Equity and Inclusion Lighthouses 2023 Report》)는 DEI 이니셔티브를 성공으로 이끄는 5가지 요인을 제시했다.[2]

첫 번째는 근본 원인에 대한 세밀한 이해다. 구체적인 DEI 관련 기회 영역을 체계적으로 파악함으로써 투자, 목표 설정, 솔루션 설계 등의 우선순위를 정하는 데 효율을 높일 수 있다. 관련 데이터를 세밀하게 분석해서 DEI 정책에 가장 영향을 많이 받는 사람의 관점에서 문제의 근본 원인을 밀도 있게 이해하는 접근법이다.

두 번째는 성공에 대한 의미 있는 정의다. 명확하고 측정 가능한 장단기 목표를 설정하여 성공의 의미를 규정하는 과정이 긴요하다. 이것이 선행돼야 이후 객관적인 평가가 원활하게 이뤄질 수 있다. 가령 어떤 에너지 기업은 특정 시점까지 50/40/30이라는 성비 목표를 내세웠다. 신입사원의 절반, 실무 관리자의 40%, 임원의 30%를 여성 직원으로 구성하겠다는 복안이다. 성공의 척도가 수치로 표현된 것이다.

---

2   World Economic Forum. (2023). Global Parity Alliance: Diversity, Equity and Inclusion Lighthouses 2023 (Insight Report, January 2023). In collaboration with McKinsey & Company.

세 번째는 책임감 있는 비즈니스 리더다. 대표이사를 포함한 C-레벨 고위직들은 DEI를 비즈니스의 핵심 우선순위로 설정하고, 예산 투입과 활동 참여뿐 아니라 결과에 대해서도 책임지는 모범을 보여야 한다. 글로벌 코스메틱 브랜드 시세이도SHISEIDO는 일찍이 2014년에 CEO가 DEI를 회사 기업 전략의 핵심축으로 삼으면서, 고위 경영진도 '사회적 가치 지표social value indicator'를 관리하며 DEI를 경영의 우선순위로 삼았다.

네 번째는 상황에 맞게 설계된 솔루션이다. DEI가 보다 효과적이고 지속가능한 영향력을 발휘하려면, 문제의 본질을 해결하고 무엇보다 일상 업무에 통합되는 솔루션이 요구된다.

다섯 번째는 엄격한 추적tracking 및 과정 수정course correction이다. 핵심은 핵심성과지표KPI의 설정이다. KPI가 구체화되면, 회사의 리더는 진행 상황을 보다 면밀히 모니터링하게 되고, 필요한 경우 사내에 여러 자원을 추가로 DEI 움직임에 할당할 수도 있을 것이다.

150년의 무게감 그리고 숨겨진 초능력

미국에서 '다양성 피로감'이라는 말 자체가 30년의 나이테를 가졌다는 것은 '다양성'에 대한 요구와 강조는 그보다 훨씬 역사가 오래되었다는 것을 의미한다.

우리는 상황이 다르다. 아직 피로감을 이야기할 계제가 아니다. 피로감이 쌓일 만한 시간도, 노력도 충분치 않다.

세계경제포럼의 '글로벌 성 격차 보고서'는 현재 진행 속도로 모든 수준에서 글로벌 성 격차를 해소하려면 150년 이상이 더 걸릴 것으로 예상했다.[3] 150년의 무게감을 외면해서는 안 된다. 젠더 갈등이 비화하고 있는 우리는 더욱이 그렇다. DEI 주창의 역사가 늦은 만큼 적실한 방향타 설정이 중요하다. 위의 5가지 요인을 국내 실정에 맞게 창의적으로 적용해 보는 노력을 기울여볼 필요가 있다.

 ESG적 생각

글로벌 컨설팅업체 보스턴컨설팅그룹BCG은 포용성이 단지 좋은 것만이 아니라, '필수'라고 단언했다.[4] 오늘날과 같이 대내외 경제 여건이 불확실하고 산업의 경계를 넘나드는 무한경쟁이 일상화된 치열한 시장 환경에서 포용성은 '숨겨진 초능력hidden superpower'이 될 수 있다는 것이다. BCG는 직장에서 포용성을 제대로 구현하면 직원 이탈 위험attrition risk을 절반 가까이 줄일 수 있다고 분석했다. 초능력자로 가는 길, 그리 멀리 있지 않다.

---

3   World Economic Forum. (2022). Global Gender Gap Report 2022.

4   BCG. (2023). Inclusion Isn't Just Nice. It's Necessary.

토론토 사례로 본
지자체 지속가능성 보고서의 미래

북미 지역에서 인구 기준 네 번째로 규모가 큰 도시인 캐나다의 토론토. 이 지역의 경제는 캐나다 전체 GDP의 21%, 온타리오주 전체 GDP의 53%를 차지할 정도로 캐나다 경제의 엔진 역할을 한다.[1]

인디언 말로 '만남의 장소'라는 의미를 갖는 이 매력적인 도시는 매년 ESG 보고서를 발간한다. 상장 기업도 아니고 금융사도 아닌데, 지자체 차원에서 ESG 성과를 담은 정제된 보고서를 발표하는 것이다. 2021년 첫 발간 이후 지금까지 한 해도 빠짐없이 보고서가 만들어졌다.

---

1   City of Toronto. (2024). City of Toronto Environmental, Social & Governance Perfor-
    mance Report, 2024.

IR 기능을 수행하는 글로벌 도시의 연례 ESG 보고서

이 보고서는 토론토시가 전략적 우선순위, 지속가능금융 및 사회경제적 성과 전반에 걸쳐 ESG 관련 기회와 위험에 어떻게 집중하고 있는지를 조명한다. 캐나다의 공공영역public sector 내에서도 이례적인 시도다.

2021년 최초 보고서 발간 당시 토론토 시장 존 토리John Tory는 다음과 같이 말했다.

> "토론토와 같은 글로벌 도시는 기후 행동에 대한 우리의 노력에 책임을 져야accountable 하며, 모두를 위한 사회적 성과를 개선하고 강력한 거버넌스 관행을 선도해야 한다."

이 연례 ESG 보고서는 토론토시 공식 홈페이지에서 어렵지 않게 찾을 수 있는데, 도시금융City Finance 페이지의 IRInvestor Relations 메뉴에 속해 있다. 토론토의 ESG 보고서가 여타 민간 기업의 경우처럼 IR 기능을 수행한다고 해석될 수 있는 것이 적이 흥미롭다.

보고서의 구성은 대기업이나 금융사의 그것과 크게 다르지 않다. 최고재무책임자의 메시지를 시작으로 보고서의 범위 및 프레임워크 등을 다룬다. 이어서 토론토시 자체에 대한 정보를 갈무리하고 환경과 사회, 지배구조로 나눠 시의 우선순위와 성과를 보여준다.

'시'를 '기업'으로 바꾸면, 우리가 흔히 보는 지속가능경영보고서의 골격과 흡사하다.

도시를 둘러싼 '이해관계자'에 대한 책임과 의무

토론토시가 공개한 ESG 보고서는 도시를 둘러싼 수많은 이해관계자를 향한 투명성과 책임성에 대한 약속의 일환이자 문서화한 결과물이다. 이 대목에서 지자체의 ESG 보고서 발간이 갖는 또 다른 의미를 간취할 수 있다.

'이해관계자'라는 말을 분별없이 쓰는 경향이 있는데, 지속가능경영 측면에서 어떤 의미를 갖는지 살펴보자.

기업의 사회적 책임에 대한 국제 표준인 ISOInternational Organization for Standardization 26000에서는 이해관계자를 '조직의 의사결정과 활동에 관심을 갖고 있는 개인 또는 단체individual or group that has an interest in any decision or activity of an organization'로 규정한다.

지자체도 하나의 조직일 터이다. 토론토시의 '의사결정과 활동에 관심을 갖는 개인 또는 단체'가 얼마나 많겠는가. 지역 주민(잠재적 거주자 포함), 기업, 언론, 투자자, 직원, 공급업체, 인근 지자체, 규제 기관, 학교, 시민단체 등 폭넓은 대상과 집단을 상정해 볼 수 있다.

일반 민간 기업이나 금융사에서 지속가능경영보고서를 발간할 때 보통 앞 단계에서 이해관계자 설문 조사를 진행한다. 중대성 이슈 도출을 위해 필요한 과정이다. 이해관계자의 의견을 청취하는 것이 ESG 공시의 출발점이라고 해도 과언이 아니다.

다양한 층위의 이해관계자와 적극적으로 소통하고, 조직의 ESG 성과와 향후 과제를 설명하는 것에서 공공이 예외가 되어야 할 이유가 없다. 지자체뿐 아니라 공기업, 공공기관도 마찬가지다. 아직은 지자체의 ESG 보고서 발간이 '이례적'이지만, 앞으로는 분명 변화가 일어날 것이다. 이해관계자와의 투명한 커뮤니케이션, 그 중요성은 민·관을 가리지 않고 점점 커질 것이기 때문이다.

기업의 ESG와 도시의 ESG는 근본적 목적에서 유사하나, 몇 가지 중요한 차이점이 있다. 기업의 ESG가 주주가치 극대화와 함께 사회적 책임을 균형 있게 추구한다면, 도시의 ESG는 '시민 복지'와 '지역사회 번영'이라는 공공가치가 핵심이 된다. 보고 대상도 다른데, 기업은 주주와 투자자에게 일차적 책임이 있는 반면, 도시는 시민 전체에 대한 책임을 진다. 또한 시간적 관점에서도 차이가 있다. 기업은 분기별, 연도별 성과에 민감하지만, 도시는 보다 장기적인 세대 간 형평성과 지속가능성을 고려해야 한다.

국내에도 광역지자체든 기초지자체든 도시 차원에서 ESG 보고서를 발간하는 곳이 늘어나길 바란다. 도시의 ESG 행정 측면에서나 그 도시 자체의 브랜딩 측면에서든, 또는 정책의 연속성 및 효과성 측면에서나 IR 측면에서든 유익한 점이 많을 것이다.

도시 ESG 보고서의 도전 과제

물론 도시의 ESG 보고서 발간에는 몇 가지 도전 과제도 존재한다.

첫째, 표준화된 도시 ESG 평가 프레임워크가 아직 충분히 발달하지 않았다. 둘째, 성과 측정을 위한 데이터 수집과 분석 역량이 도시마다 상이하다. 셋째, ESG 보고서 작성에 필요한 전문 인력과 예산 확보가 쉽지 않다. 넷째, 행정의 연속성이 보장되지 않을 경우 지속적인 보고와 개선이 어려울 수 있다. 그럼에도 불구하고 이러한 도전은 극복 불가능한 장벽이라기보다 점진적으로 개선해 나가야 할 과제로 볼 수 있다.

ESG적 생각

국내 지자체가 ESG 보고서를 도입하기 위해서는 단계적 접근이 필요하다. 첫째, 지자체장의 확고한 의지와 함께 ESG 전담 조직을 구성해야 한다. 둘째, 도시 특성에 맞는 ESG 중대성 평가를 통해 핵심 이슈를 도출해야 한다. 셋째, 이미 진행 중인 환경·사회·거버넌스 정책들을 ESG 프레임워크로 재구성하여 통합적 관점에서 관리할 필요가 있다. 넷째, 초기에는 간소화된 형태로 시작하여 점진적으로 보고서의 질과 범위를 확대해 나가는 것이 바람직하다. 다섯째, 시민참여형 ESG 거버넌스를 구축하여 보고서의 신뢰성과 수용성을 높여야 한다. 지자체 간의 경쟁이 이런 맥락에서 치열하게 벌어지길 희원한다.

ESG, 인수합병에도 영향을 끼치다

M&A의 새로운 게임체인저 : ESG

ESG가 인수합병M&A 거래에서도 영향력을 확대하고 있다. ESG는 CSR(기업의 사회적 책임), CSV(공유가치 창출)에 이어 '반짝하고 사라질 유행어'라거나, 단순히 기업의 이미지 개선 활동 정도라고 주장하는 이들이 들으면 깜짝 놀랄 조사 결과가 나왔다.

KPMG의 조사[1]에 따르면, 투자자의 50% 이상이 ESG 실사 결과로 인해 인수합병 거래를 취소한 경험이 있는 것으로 나타났다. ESG가 딜Deal 자체의 성사 여부를 결정지은 것이다. ESG는 반反ESG

1　KPMG. (2023). KPMG Study: Most U.S. investors want a dedicated ESG due diligence product that can analyze risks and opportunities.

진영에서 매도하듯 편벽된 정치적 구호가 아니다. ESG는 이제 인수합병 과정에서도 중대하게 고려되어야 할 기업경영의 필수 언어다.

ESG 성숙도, 기업 가치에 프리미엄을 더하다

인수합병이 무산되지 않았다고 하더라도, ESG 성과가 나쁘면 최종 거래가격이 낮아질 수 있다. 실제로 위 조사에서 응답자의 약 42%는 ESG 실사 결과 때문에 인수가격이 낮아졌다고 답변했다. 반대로 설문 조사에 참여한 투자자의 60% 이상은 높은 수준의 'ESG 성숙도ESG maturity'를 갖춘 기업에 프리미엄을 지불할 의향이 있는 것으로 드러났다.

'ESG 성숙도'란 기업이 환경·사회·지배구조 측면에서 얼마나 체계적이고 전략적으로 접근하고 있는지를 평가하는 척도다. 구체적으로는 ESG 관련 정책과 목표 수립, 이행 체계 구축, 성과 관리 및 공시, 이해관계자 소통 등 다양한 요소를 종합적으로 고려한다. 성숙도가 높을수록 리스크 관리 능력이 뛰어나고 장기적 가치 창출 가능성이 크다고 평가받는다.

요컨대 거래가 깨질 수도 있고, 거래가격을 낮출 수도 있고, 프리미엄이 붙을 수도 있다. 기업 경쟁력 향상을 고민하고 투자자의 선택을 받고자 하는 기업이라면, 절대 가벼이 넘길 수 없는 조사 결과다. 미국 KPMGKPMG US의 ESG 파트너인 클레어 룬Clare Lunn의 말마따나, 지속가능한 관행은 더 이상 선택이 아닌 회복탄력성과 성장을 위한 필수 조건이 됐다.

ESG 실사의 과제와 조직 역량 강화의 필요성

ESG가 굵직한 딜에 끼치는 영향력이 커질수록, 'ESG 실사ESG due diligence'의 중요성도 커질 것으로 어렵지 않게 예상할 수 있다. 매수측에서든, 매도측에서든 ESG 실사를 요청하는 빈도는 더욱 높아질 것이다.

KPMG에 따르면, ESG 실사를 진행하는 이유는 위험과 기회 파악, 투자자의 요구사항, 규제 요건에 대한 대비 순이었다. ESG 실사를 수행하면서 직면한 주요 과제로는 강력한 데이터의 부족, 의미 있는 범위 선정의 어려움, 조사 결과를 정량화하기 난해함 등이 꼽혔다. ESG 실사를 전개하는 배경과 과제를 이해하고, 추후 이에 대한 개선 및 발전적인 방향성 설정이 요구된다.

KPMG는 지적하지 않았지만, ESG 실사에 참여하는 실무자 혹은 조직의 ESG 전문성도 깊이 고민해 봐야 할 지점이다. 재무적 가치뿐 아니라 비재무적 가치를 입체적으로 평가할 수 있는 역량이 있어야 하는데, 현재 국내 기업의 조직체계에서는 이런 과업을 수행할 전담 인력을 지속적으로 육성해 내기 쉽지 않은 실정이다.

 ESG적 생각

ESG가 단지 '해야 하는 옳은 일right thing to do'이라서 강조되는 것이 아니다. 복합적인 사안을 정밀하게 고려해야 하는 인수합병 협상과 같은 중요한 비즈니스 의사결정 과정에서 ESG는 더욱 힘을 발휘하고 있다. 조직 전반의 'ESG 유창성ESG fluency'을 높이는 데 중지를 모아야 하는 이유다.

BLM에서 백래시까지, 미국 DEI 담론의 급격한 변화

"DEI 노력이 포위당하고 있다under siege."[1]

어느 날 접한 CNN 뉴스의 헤드라인이다. DEI(다양성·형평성·포용성)의 개념 자체도 아직 폭넓게 확산하지 않았고, 그러다 보니 '노력'을 이야기하는 것도 어색한 우리 입장에서는 생경하기 짝이 없는 문장이다.

DEI는 왜 포위당한 것일까. 포위의 주체는 누구이며 목적은 무엇인가. 미국에서는 어떤 일이 벌어지고 있는 것일까.

---

1 Nicquel Terry Ellis and Catherine Thorbecke. (2024). "DEI efforts are under siege. Here's what experts say is at stake". CNN, 1. 7.

BLM이 DEI에 동력을 불어넣다

CNN은 미국 사회와 비즈니스 세계에서 DEI가 유행어가 되기 시작한 시점을 2020년으로 보고 있다. 흑인 남성 조지 플로이드George Floyd가 사망한 해다. 당시 미니애폴리스의 백인 경찰관 데릭 쇼빈Derek Chauvin은 플로이드의 목을 8분 46초 동안 무릎으로 거세게 짓눌렀다. 플로이드는 "숨을 쉴 수 없다"고 외쳤지만 소용없었다. 이 장면이 미국 전역에 퍼져 나갔다. 그렇게 'BLMBlack Lives Matter(흑인의 생명도 소중하다)' 운동에 불이 붙었다.

그의 딸 지애나 플로이드Gianna Floyd는 TV에서 사람들이 아빠 이름을 부르는 것을 보고 엄마에게 우리 가족에게 무슨 일이 생겼냐고 물었다. 여섯 살 아이에게 엄마가 할 수 있는 대답은 "아빠가 숨을 쉴 수 없었다"라는 것뿐이었다. 지애나는 아빠 친구의 어깨에 올라 해맑게 외쳤다.

"아빠가 세상을 바꿨어요Daddy Changed the World."

이런 분위기에서 미국 기업들은 DEI를 도구로 내세웠다. BLM으로 빚어질 것으로 우려되는 여러 리스크에 대응하기 위해서다. DEI 직책을 신설하고, 전담 부서를 확대했다. 유색 인종을 더 많이 고용하겠다고 공언하고, 미국 각지의 유서 깊은 흑인대학HBCU, Historically

Black Colleges and Universities에 적극적으로 투자하겠다고 약속했다.

하버드대 첫 흑인 총장의 퇴장, 웅츠러드는 DEI

그렇게 4년이 흘렀다. 386년 학교 역사상 첫 흑인 총장이자 두 번째 여성 총장인 클로딘 게이Claudine Gay 하버드대 총장이 취임 반년도 되지 않아 사퇴했다. 하버드대 개교 이래 최단기 퇴진이라는 불명예까지 안게 됐다. 뉴욕의 아이티 이민자 가정에서 태어나 스탠퍼드대 교수를 거쳐 하버드대 수장 자리까지 오른 그의 퇴장을 두고 여러 말들이 오갔다.

그의 사임 배경에는 반反유대주의에 대한 모호한 입장이나 논문 표절 이슈 등이 자리 잡고 있다. 표면적으로는 그렇다. 면면을 살펴보면 분명 더 깊이 생각해 볼거리가 존재한다. DEI 관점에서 말이다.

'리틀 버핏'이라 불리는 헤지펀드 거물 빌 애크먼Bill Ackman 퍼싱스퀘어 캐피털 회장은 소셜미디어 엑스(X·엣 트위터)에 DEI를 '본질적으로 인종차별적이고 불법적인 운동'이라고 표현했다. 하버드대 출신인 그는 모교 총장 퇴진 운동의 선봉에 섰다. 기부금에 의존할 수밖에 없는 대학 재정의 취약한 구조까지 파고들었다. 결국 게이는 월가 큰 손들의 반발로 하버드대 총장으로서 대학 기부금 모집에 애로가 생기는 상황에 다다르자 백기를 들 수밖에 없었다.

일론 머스크 테슬라 최고경영자CEO는 애크먼의 글을 공유하며 이렇게 말했다.

> "DEI는 인종차별의 다른 말일뿐이다. 이 단어를 사용하는 사람은 부끄러운 줄 알아라."[2]

어떤 단어나 개념에 대한 서로 다른 의견은 당연히 존중해야 마땅하다. 그런데 단어 사용만으로도 부끄러움을 운운하는 지경이 됐다. 머스크는 다른 글에서 DEI가 인종, 성별, 기타 여러 요인에 기초해 차별하는 것이기에 '비도덕적'이라는 말도 덧붙였다.

DEI 담론에 투영된 여론의 극단화와 진영의 양극화

진영논리의 강한 침투력은 모든 사회적 의제를 정치적 논쟁으로 뒤바꿔버린다. DEI에 대한 의견은 점점 양극화되고 있다. 실지로 미국의 연구조사기관인 퓨리서치센터Pew Research Center가 수행한 조

---

2   Elizabeth Bennett. (2024). "US business leaders are pushing back against years of corporate diversity efforts". BBC, 1.11.

사[3]에 따르면, 정치 성향에 따라 DEI를 바라보는 견해차가 큰 것으로 나타났다. 민주당 성향을 가진 근로자의 약 78%는 직장에서 DEI에 집중하는 것이 좋은 일이라고 답한 반면, 공화당 성향 근로자의 경우 이 비율이 30%에 그쳤다.

대결적인 진영 구도에 담론이 예속되면, 기업 입장에서는 이 담론을 비즈니스 생리에 맞게 내재화하는 데 부담을 느끼기 마련이다.

DEI 주창 논리와 반대 논리 모두에 귀 기울이며, 건설적인 토론을 더욱 장려해야 할 시점이다. 어디서부터 어디까지 DEI의 영역인지. 정서적인 반발을 초래하는 'PCPolitical Correctness주의(인종이나 성별, 장애, 종교, 직업 등에 관한 편견이나 차별적 언어와 정책을 지양하려는 신념, 혹은 태도를 바탕으로 추진되는 사회 운동)'의 경계는 어디인지. 그 반발의 기준도 집단마다 다를 터인데, 모두를 충족하는 DEI라는 것은 애초에 개념적으로 불가한 건 아닌지. DEI와 능력주의는 정말 대척점에 서 있을 수밖에 없는지. 백인 남성과 흑인 여성을 계급적으로 그렇게 단순화해서 구획할 수 있는지. 머리가 지끈하다. 고민해야 할 문제가 산적하다.

---

3   Pew Research Center. (2023). Diversity, Equity and Inclusion in the Workplace.

머스크의 비판, "DEI는 죽어야만 한다"

다시 머스크를 소환해 본다. 그의 또 다른 워딩이다.

"DEI는 죽어야만 한다DEI must DIE."[4]

DEI에 대한 존재론적 타격이다. 그는 차별을 다른 차별로 대체하는 것이 아니라, 차별을 끝내야 한다는 것이 요점이라고 부연했다. DEI를 여러 이유로 비판할 수는 있다. 한데 '제거의 대상'으로 삼는 것은 숙론熟論의 궤도에서 이탈하는 결과만 초래할 뿐이다.

DEI가 포위당하고, 죽어야 한다는 메시지까지 나오는 미국. 백래시의 타깃이 될 정도로 굵직한 사회적, 정치적, 경제적 논의 테마로 부상한 미국 내 DEI에 반해 상대적으로 한국은 조용하다. 다만 그 평온함의 맥락이 DEI에 대한 사회적 공감대 형성에 기인한 것 같지는 않다. 아직 DEI를 반대하기 위한 세력화 및 대항 논리 구축이 필요할 정도로 DEI 노력과 담론의 성숙도가 여물지 않았기 때문이리라. 국내에서는 시작도 제대로 못 했는데, '포위'나 '죽음'을 말하는

---

4   Robert Hart. (2023). "Elon Musk Says DEI 'Must Die' And Criticizes Diversity Schemes As 'Discrimination'". Forbes, 12.15.

것은 어불성설이다. 이것을 다행이라고 해야 하나, 불행이라고 해야 하나.

 ESG적 생각

우리는 서구의 DEI 논쟁에서 교훈을 얻되, 한국적 맥락에 맞는 DEI 정책을 개발해야 한다. 정치적 논쟁에 휘말리기보다는 비즈니스 관점에서 DEI의 가치를 평가하고, 지속가능한 성장을 위한 필수 요소로 접근해야 할 것이다.

ESG 위원회 신설보다 중요한 건 '전문성을 갖춘 이사진'이다

ESG는 최근 들어 여러 형태의 부침을 겪고 있지만, 지난 몇 년 동안 기업경영 전반에 막대한 영향을 미쳤다. 특히 ESG가 단순한 마케팅 트렌드가 아니라 기업의 지속가능성을 결정하는 핵심 요소로 자리 잡으면서, 이에 대한 경영진의 이해 수준이 더욱 중요해지고 있다. 그러나 ESG를 책임지는 기업 이사진이 과연 ESG의 중요성을 충분히 숙지하고 있는지에 대해서는 여전히 의문부호가 찍힌다.

정유진 박사의 연구[1]는 이 핵심적인 질문에 대한 실증적 답변을 제시한다. 정 박사는 인하대학교에서 지속가능경영을 전공하며 ESG 연구를 진행했으며, 그의 지도교수는 국내 지속가능경영 분야

---

1   정유진. (2024). 대기업 이사진의 지속가능경영 전문성이 ESG 성과에 미치는 영향에 관한 연구. 인하대학교 대학원. 박사학위 논문.

의 권위자인 김종대 교수(한국환경경영학회장, 국민연금기금 책임투자 전문위원, 인천시 녹색성장위원장, 아모레퍼시픽 ESG 위원장 등 역임)다. 김 교수는 국내 ESG 연구를 선도하며 인하대 지속가능경영 전공에서 수많은 ESG 인재를 배출한 바 있다.

흥미로운 점은 필자가 회사에서 ESG 경영 내재화를 위한 업무를 처음 맡았을 때, 컨설팅사의 프로젝트 매니저 또한 인하대 지속가능경영 전공 출신이었다는 사실이다. 그는 금융지주 변호사 출신으로 ESG 법률 및 규제 이슈를 깊이 이해하고 있었고, 실무적으로도 우리 회사의 ESG 전략 수립에 귀한 조언을 많이 해줬다.

글로벌 기업들의 현실을 살펴보면 ESG 경험이 있는 이사를 한 명이라도 보유한 기업이 25%에 불과하고, 미국의 경우 600개 이상 기업 중 19%만이 ESG 관련 경험이 있는 이사진을 보유하고 있다. 이는 ESG가 경영 담론으로는 활발히 논의되지만, 실질적인 전문성을 갖춘 리더십은 여전히 부족함을 보여준다.

이사회 구성, ESG 성과를 좌우한다

필자 역시 자산운용사에서 ESG 위원회를 신설하는 업무를 맡았던 경험이 있다. 당시 ESG 관련 전문성이 높았던 사외이사들의 존재가 얼마나 큰 힘이 되었는지 지금도 기억난다. 특히 ESG 위원장 직을 맡아준 대학교수님의 역할이 컸다. 그는 ESG라는 개념이 아직 국내 경영 현장에 명확히 자리 잡지 못한 상황에서, 전문성을 갖춘 이사들이 ESG 전략을 세우고 방향성을 잡는 데 결정적인 역할을 했다. 그 과정에서 깨달은 중요한 교훈은 ESG 위원회의 구성 자체보다 그 안에서 전문성 있는 목소리가 얼마나 반영되는지가 중요하다는 점이었다.

연구가 밝힌 ESG 전문성의 영향

정유진 박사는 국내 자산 2조 원 이상 상장 기업 199곳 중 ESG 평가를 받은 191곳을 대상으로 2020년부터 2022년까지 3개년 동안의 데이터를 분석했다. 그는 3,941명의 이사진을 대상으로 지속가능경영 전문성을 보유한 이사의 비율과 ESG 성과 간의 관계를 검토했다.

연구 방법론은 기업 지배구조보고서, 언론사 인물 DB, 각 기관 홈페이지 등을 통해 이사진의 경력과 이력을 취합하는 방식으로 이루어졌다. 이를 바탕으로 ESG 성과(한국ESG기준원의 평가 등급)와 이사진의 지속가능경영 전문성 간의 관계를 OLS 회귀분석을 통해 검증했다.

주목할 만한 연구 결과

1. 이사진의 지속가능경영 전문성이 ESG 성과를 향상시킨다.

ESG의 E(환경), S(사회), G(지배구조) 전 영역에서 긍정적인 영향을 미쳤다.

2. 사외이사 및 기타비상무이사의 지속가능경영 전문성이 중요하다.

사내이사는 ESG 성과에 유의미한 영향을 주지 않았으나, 사외이사 및 기타비상무이사의 지속가능경영 전문성은 ESG 성과를 향상하는 데 기여했다.

3. ESG 위원회 소속 이사의 전문성은 특히 중요하다.

지속가능경영 전문성을 갖춘 ESG 위원회 소속 이사는 ESG 성과에 매우 긍정적인 영향을 주었다.

4. 전문성의 효과는 ESG 영역별로 차별화되어 나타난다.

지속가능경영 전문성이 ESG의 각 영역(E, S, G)에 미치는 영향을 분석한 결과, 사회(S)와 지배구조(G) 성과에는 긍정적인 영향을 미쳤으나, 환경(E) 성과에는 통계적으로 유의미한 영향을 미치지 않았다.

이는 환경 분야에서의 성과는 장기적인 경영 전략과 기술 혁신이 요구되는 영역이기 때문으로 해석된다. 예를 들어, 탄소배출 감축, 신재생에너지 도입, 친환경 제품 개발 등은 기업의 구조적 변화와 지속적인 연구개발R&D 투자가 필요하며, 단기적인 ESG 전략만으로는 성과를 내기 어렵다. 따라서 환경 성과를 개선하려면 ESG 위원회의 역할을 넘어, 기업 차원의 지속적인 기술 투자 및 실행 전략이 병행되어야 한다.

ESG의 핵심은 결국 '사람'

이 연구가 주는 메시지는 명쾌하다. ESG 성과를 높이기 위해서는 보여주기식의 ESG 위원회 설치가 아니라, 진심으로 ESG를 이해하는 사람을 이사회에 영입해야 한다는 것. ESG 위원회를 제도적으로 신설하는 것이 중요한 것이 아니라, 그 안에서 누구의 목소리가 힘을 가지느냐가 핵심이다.

필자의 경험에서도 ESG 위원회에 속한 전문가들이 적극적으로 의견을 제시하고, 경영진이 이를 반영하는 구조가 되었을 때 비로소 ESG가 기업 운영의 한 축으로 자리 잡을 수 있었다.

또한 ESG 위원회가 단순히 기업의 비전을 발표하는 곳이 아니라, 실질적으로 기업 운영에 영향을 미칠 수 있도록 만들어야 한다. 이를 위해서는 ESG 위원회의 역할을 강화하는 법적 가이드라인이 필요하다. ESG 전문성을 갖춘 이사진의 선임 및 공시 기준을 보다 정교하게 마련해야 한다.

 ESG적 생각

ESG는 단순한 유행어가 아니다. ESG를 실행할 '사람'에 따라 그 중요도는 확연히 차이가 날 것이다. 기업이 ESG 성과를 높이고 싶다면, ESG의 본질을 이해하는 이사를 영입하는 것부터 시작해야 한다.

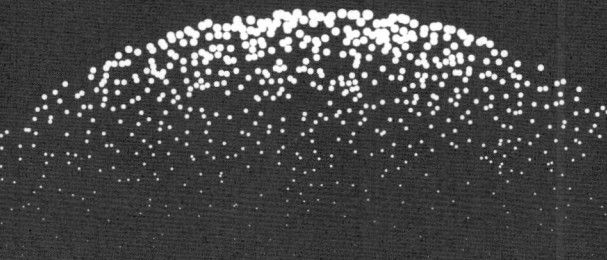

PART
4

ESG를 대하는
우리의 '태도'에 대하여

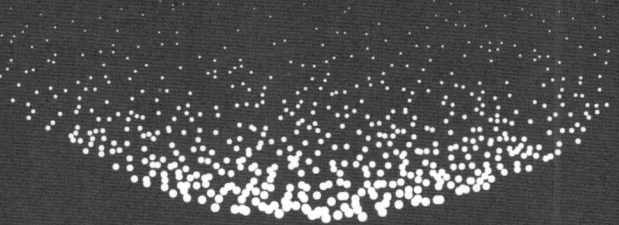

'**ESG 반성문**' 쓸
준비됐나요?

    회사에서 ESG 세미나를 자체적으로 진행한 적이 있었다. 금융, 물류, 패션, IT, 건설 등 다양한 업계에서 주로 지속가능경영 업무를 맡고 있는 실무자들을 초청했다. 교과서에 박제된 지식 겉핥기가 아닌 보다 살아 있는 경험담을 주고받기 위해서다.

    그중 패션 회사에서 ESG 업무를 주도하고 있는 한 인물이 마이크를 잡았다. 흥미롭게도 현 직장뿐 아니라 직전 직장과 그 이전 직장 모두 패션 산업과 밀접한 곳에서 일한 경험이 있던 인물이었다. 그는 지속가능한 패션의 가능성에 대해 늘 고민해 왔다고 말했다. 업무 차원을 넘어선 철학적 고심이다.

'반성문'이라는 의외의 단어

최근 소속 회사의 지속가능경영보고서 발간을 마쳤다는 그는 '반성문'이라는 단어를 툭 끄집어냈다. 생경하게 들렸다. 보통 자기가 속한 기업의 ESG 경영 행보를 '자랑'하기 바쁜데 말이다.

반성문에서 더 나아가 '나쁜 놈'이라는 말까지 덧붙였다. 물론 약간의 농을 섞은 것이긴 했다. 이러한 자기비판은 '불편한 진실'을 드러내는 중요한 시작점이 될 수 있다. '반성문'과 '나쁜 놈'은 패션 산업이 환경 오염에 극심한 피해를 주고 있다는 문제의식 아래 나온 표현이었다. 대부분의 옷은 매립되거나 소각되며, 해양 오염, 폐수 발생, 탄소배출을 야기하기 때문이다.

의류산업의 불편한 진실

한 방송사에서 버려진 옷들이 어디로 가는지를 취재해 보도한 적이 있다.[1] 세계 도처에서 배송된 헌 옷들이 가나의 수도 아크라 인근 해안가에 수북하게 쌓여 있던 모습은 가히 절망적이었고, 디스토피아 그 자체였다. 한국은 다섯 손가락 안에 드는 '의류 쓰레기 수출국'

---

[1] 손령. (2024). "입던 옷들이 바다에? '패스트 패션'의 그늘". MBC, 3.21.

이라는 불명예를 안고 있기도 하니, 마음이 더 무거울 수밖에 없다.

영국의 유력 매체《가디언The guardian》선정 2023년 최고의 책으로 선정된『웨이스트 랜드-쓰레기는 우리보다 오래 살아남는다』에 따르면, 직물의 12%는 제품을 만들기도 전에 버려지고, 만들어지는 옷의 약 4분의 1은 결국 팔리지 않는다. 또 쓰레기 옷이 물을 빨아들이면서, 침출수가 매립장 셀 바닥으로 빠지지 못하게 막는 것도 문제다.[2]

패션 산업의 열악한 작업 환경도 만만치 않은 문제다. 2013년 방글라데시의 수도 다카 외곽에 위치한 의류공장 '라나 플라자Rana Plaza'가 붕괴하며 수많은 노동자의 목숨을 앗아갔다. 사망자만 1,100명이 넘었다. 9층짜리 건물이 폭삭 무너지며, 당시 그 건물에서 봉제업에 종사하며 힘겹게 생활을 영위해 오던 노동자와 그 가족들의 삶도 함께 무너졌다.

『우리는 매일 죽음을 입는다』의 저자 올든 위커Alden Wicker는 라나 플라자 붕괴 사건에 대해 다음과 같이 말했다.

---

2   올리버 프랭클린-월리스(Oliver Franklin-Wallis). 김문주 역. (2024). 『웨이스트 랜드 - 쓰레기는 우리보다 오래 살아남는다(Wasteland: The Secret World of Waste and the Urgent Search for a Cleaner Future)』. 알에이치코리아(RHK).

"노동자의 시신을 붙들고 괴로워하는 가족들의 사진이 전 세계에 퍼지면서 서구 소비자는 로봇이 아닌 살아 있는 사람이 재봉틀 앞에 웅크리고 있다는 사실을 새삼 깨달았다."[3]

이후 비영리 단체인 '패션 레볼루션Fashion Revolution'은 수많은 사상자를 기리기 위한 캠페인을 진행했다. 이 캠페인의 이름은 'Who Made My Clothes(누가 내 옷을 만들었는가)'였다.

참사가 일어난 지 10여 년이 지난 지금, 의류 노동자들의 인권과 노동 환경은 얼마나 개선되었을까. 특히 국가의 전체 수출액에서 패션 산업이 차지하는 비중이 높은 개발도상국의 경우, '반성문'을 쓸 환경이 조성될 수 있을지 회의적이다.

반성에서 실천으로 나아가기

다시 그의 얼굴을 쳐다본다. 자조 섞인 한탄에 그치지 않았음에 희망을 본다. ESG 부서는 더욱 진정성을 갖고 용기 있게 반성문을 쓸 채비를 해야 하며, 환경 피해를 줄이는 방향으로 회사를 이끌고

---

3   올든 위커(Alden Wicker). 김은령 역. (2024). 『우리는 매일 죽음을 입는다(To Dye for: How Toxic Fashion Is Making Us Sick-And How We Can Fight Back)』. 부키.

가야 한다는 것이 골자였다. 지속가능경영보고서 발간 또한 이런 치열한 성찰이 전제되어야 할 것이다.

언제부터인가 ESG 실무가 '평가 대응'의 동의어가 되어 가고 있다. 국내외 ESG 평가기관에서 좋은 평가를 받는 데 혈안이 되어 있는 것이다. 각종 리포트에는 세계적인 ESG 평가에서 우수한 평가를 받았다는 것을 화려하게 나열한다. 물론 평가를 잘 받는 것도 중요하다. 평가를 준비하는 과정에서 ESG 측면의 미비점을 찾아 개선할 수도 있고, 회사 차원에서 보다 발전적인 정책을 수립하는 계기가 마련되기도 한다.

ESG 경영의 본질은 외부 평가를 위한 지표 맞추기가 아니라, 비즈니스 모델 자체를 지속가능한 방향으로 전환하는 데 있다. 이는 단기적 성과보다 장기적 관점에서의 가치 창출과 리스크 관리를 요구한다. 지속가능한 비즈니스 모델 혁신이 필요한 것이다.

이제 각 업계에서 벌어졌던 환경 피해에 대한 반성문 쓰기를 '경쟁적으로' 먼저 시작해 보면 어떨까? 반성문은 비단 E(환경) 영역에 국한되지는 않을 것이다. S(사회), G(거버넌스) 관점에서도 고쳐야 할 것이 많다.

금융업계는 지속불가능한 사업에 대한 투자와 대출이 기후위기를 가속한다는 점을, 제조업은 자원 착취와 폐기물 발생 문제를, IT 기업들은 디지털 기기의 환경적 영향과 데이터센터의 에너지 소비를, 건설업은 생태계 파괴와 자원 낭비 문제를 직시해야 한다. 산업별 반성문의 첫 페이지에는 이러한 불편한 진실이 담겨야 한다.

ESG를 주제로 패션 이야기를 하면 보통 파타고니아를 자동으로 떠올리곤 하는데, 파타고니아 사례까지 갈 것도 없다. ESG는 '업무'이기도 하지만, '자세'이기도 하다. 비단 패션 산업만 ESG 반성문을 써야 할까? 금융, 제조업부터 건설, IT까지 반성문에서 자유로울 수 없을 터이다.

ESG 반성문을 작성할 때 고려해야 할 핵심 질문들은 다음과 같다.

1. 우리 기업/산업이 환경과 사회에 미치는 부정적 영향은 무엇인가?
2. 이러한 영향을 최소화하기 위해 취할 수 있는 실질적 조치는 무엇인가?
3. 현재의 비즈니스 모델 중 근본적으로 재고해야 할 요소는 무엇인가?
4. 진정한 변화를 위해 필요한 자원과 시간, 그리고 협력 파트너는 누구인가?
5. 어떻게 하면 이해관계자들과 투명하게 소통하며 진정성 있는 변화를 이끌어낼 수 있을까?

이러한 질문에 정직하게 답하는 과정이 바로 '반성문 쓰기'의 시작이며, 이를 통해 도출된 인사이트를 바탕으로 실질적인 액션플랜을 수립해야 한다.

반성할 거리가 체계적으로 정리되어야 개선의 여지가 있다. 부족한 점도 솔직히 공개해야 한다. 성과를 떠벌리기 전에 반성의 태도를 먼저 보이는 실무자들이 늘었으면 좋겠다. 이런 사람들이 작성하는 지속가능경영보고서를 읽고 싶다. 이런 그룹에서 기획하는 프로젝트에 동참하고 싶다. 스스로, 그리고 ESG 실무자들에게 질문하고 싶다.

'ESG 반성문' 쓸 준비됐나요?

환경에 대한 관심, '계기'가 없어도, '숭고'하지 않아도 된다

"어떤 계기로 기후와 환경에 대한 관심을 갖게 되었나요?"

기후와 환경에 대한 건강한 토론이 어느 때보다 활발한 요즘, 어렵지 않게 이런 질문을 접할 수 있다. 사실 나쁜 질문이라고 할 수 없다. 그런 '계기'를 공유하면서 공감대도 확산하고, 내가 생각하지 못했던 지점을 이해하게 될 수도 있기 때문이다. 또 조금 다른 각도로 사안을 바라보게 해주는 데도 긴요한 물음이다.

환경문제에 대한 정서적 문턱을 낮추자

다 좋다. 다만 간혹 저런 질문이 누군가에게는 조금 다르게 수용

될 여지가 있다. 꼭 어떤 드라마틱한 이벤트가 있어야만 지구의 지속가능성에 대해 고민하게 되는 것은 아니다. 자신의 가치관을 송두리째 바꿔 놓는 커다란 사건이 있지 않았어도, 우리는 환경문제에 집중할 수 있다. 되레 정말 자연스럽게 평범한 일상에서 기후위기에 눈을 뜰 수도 있다.

'기후 비상사태Climate Emergency'[1]에 놓인 지금, 우리에게 중요한 것은 탄소중립을 실현하기 위해 함께 목소리 내는 연대의 크기를 확장하는 것이다. '계기' 같은 게 없어도 힘을 합쳐서 우리 삶의 터전을 지켜내야 한다. 필자는 환경문제에 관심을 갖는 것에 대한 정서적 진입장벽을 더욱 낮춰야 한다고 생각한다.

이는 ESG 경영에서도 마찬가지다. 기업들이 환경(E)에 관심을 갖는 동기는 다양할 수 있다. 규제 준수를 위해서일 수도, 소비자 요구에 대응하기 위해서일 수도, 혹은 진정한 지속가능성을 추구하는 리더십 때문일 수도 있다. 중요한 것은 동기보다 실질적인 행동과 그 영향이다.

거창한 사명감 같은 것도 필수 조건이 아니다. 물론 환경문제에 온 인생을 걸고 치열하게 투쟁하는 분들에게는 마음의 빚이 있다.

---

1 영국 옥스퍼드 사전은 'Climate Emergency'를 올해(2019년)의 단어로 선정한 바 있다. Naaman Zhou. (2019). "Oxford Dictionaries declares 'climate emergency' the word of 2019". The Guardian, 11.20.

감사할 따름이다. 그분들의 소명의식에 경외감을 느끼며, 그들이
지향하는 철학을 존중한다.

전문성을 넘어 일상의 실천으로

그런데 모두가 같은 온도로 행동할 수는 없다. 부담을 조금 내려
놓고 환경문제에 임해도 된다. 작은 실천의 힘도 만만치 않다. 누군
가는 전업으로 하루의 대부분을 에너지 이슈에 투자하고, 또 다른
시민은 겨우 짬을 내 하루에 5분을 쓸 수 있다.

꼭 전문적인 환경 지식이 전제되어야 하는 것도 아니다. 투표하
고 정치인을 평가하는 것이 정치학이나 행정학 전공자만의 특권이
아니듯, 환경이라는 분야도 조금은 가벼운 마음으로 접근할 수 있
으면 좋겠다. 그렇다고 지금의 위기를 가벼이 여기는 것은 아니다.

환경 분야를 심층 취재하는 한 언론사의 기자[2]가 이런 말을 한 적
이 있다. 스쳐 가는 영상에서 본 것이라 정확한 워딩은 기억나지 않

---

[2] 박상욱 JTBC 기자의 말이다. '박상욱의 기후 1.5'라는 심층 연재로 유명한 기후·환경·에너지 전
문 저널리스트인 그는 『기후 1.5℃ 미룰 수 없는 오늘』『기후 블랙홀』등을 저술했으며, 국회 기
후변화포럼 대한민국 녹색기후상 대상, 한국과학기자협회 대한민국 과학기자상 등을 수상했다.
윗글에 영감을 준 박상욱 기자에게 감사를 표한다.

지만, '환경에 목소리를 내는 것이 지나치게 숭고한 일처럼 비치지 않았으면 한다'는 것이 골자였다.

탁견이다. 조금 덜 숭고하면 어떤가. 혹은 숭고하지 않으면 또 뭐가 문제인가. 환경을 생각하는 각자의 시선이 있고, 개개인의 방식과 결이 있는 것이다. 환경에 대한 관심, '계기'가 없어도 되고 '숭고'하지 않아도 된다. 소소하게, 덜 진지하게, 때로는 유쾌하게 환경을 주제로 이야기를 나눠보자. 결국 우리가 고민하는 문제, 바라는 모습은 크게 다르지 않을 터이다.

 ESG적 생각

중요한 것은 지속적인 실천과 참여다. 기후위기 대응은 100m 달리기가 아닌 마라톤에 가깝다. 이 책에서 다뤘던 다른 ESG 주제들도 마찬가지다. 완벽한 시작보다는 꾸준한 개선이, 화려한 선언보다는 소소한 실천이 더 중요하다. 기업과 개인 모두에게 해당되는 진리다. 그렇게 우리는 한 걸음 앞으로 나아가게 될 것이다.

지금 꼭 'ESG팀'이
아니어도 괜찮다

요 몇 년 대학생들과 소통할 기회가 많았다. 에너지 넘치는 이들과의 만남은 늘 즐겁다. 지속가능경영과 사회혁신을 열정적으로 탐구하는 대학생들은 이미 우리 사회의 미래를 이끌어갈 준비를 마친 듯하다.

지속가능경영과 사회혁신을 주제로 몇몇 대학교의 학생들이 자발적으로 연합 학회를 만들었는데, 그들을 회사로 초청해 간담회를 열기도 했고, 필자가 그들이 주최한 토크 콘서트에 연사로 나서기도 했다. 이들의 이름은 라이코스! '라이코스LAICOS'는 '사회SOCIAL'를 거꾸로 한 단어다. 네이밍부터 혁신적이다. '사회를 뒤집을 만큼 혁신적인 비즈니스 모델을 기획하자'라는 포부를 담고 있는 대학생 연합 학회다.

캠퍼스를 넘어 전문성으로 : ESG의 젊은 얼굴들

라이코스는 경희대학교, 서강대학교, 성신여자대학교, 숙명여자대학교, 이화여자대학교 등 각 지부 활동과 다양한 형태의 연합 소모임 활동을 전개하고 있다. 학생들은 각 대학 캠퍼스에서 유엔의 지속가능발전목표에 부합하는 프로젝트를 기획 및 실천하고 있다.

또한 한국외국어대학교 ESG 동아리 '홉세이버스HUFSavers'와 지속가능경영을 테마로 좌담회를 개최하기도 했다. ESG와 기후변화 대응에 대해 연구하고 있는 홉세이버스는 그간 지속가능한 미래를 위한 다양한 활동에 도전해 왔다. 환경부가 주최하고 환경보전협회가 주관하는 '그린캠퍼스 대학 환경동아리 지원사업'에서 환경보전협회장상을 수상했고, '제로웨이스트 대학생 해커톤'에 참여해 캠퍼스 내의 무단 투기를 줄이고 분리 배출률을 높이기 위한 자체 맵HUFS TRASH MAP을 기획했다. 함께 주관한 '지속가능경영 전략 심포지엄'에서 다른 전문가들과 함께 당당히 하나의 발제를 맡기도 했다. 당시 홉세이버스 회장은 '대학 ESG 인식, 현황과 제고 방안'에 대해 발표했다.

학생 수준을 넘어선 퍼포먼스를 보여주고 있는 이들에게도 큰 고민이 있으니, 바로 진로 문제다. 비단 학생뿐 아니라 현업에서 일하고 있는 실무자들에게도 커리어 방향 설정은 늘 화두다.

고민 1. 꼭 'ESG팀'이어야 할까?

필자는 여러 매체에 칼럼을 기고해 왔다. 기성 미디어뿐 아니라 대학 사보에서도 원고 청탁을 해와 흔쾌히 응한 바 있다. 특히나 집중적으로 조명했던 분야는 ESG다. 그러다 보니 필자의 부족한 글을 보고 따로 문의하는 경우가 심심찮게 발생한다.

이 글에서는 ESG 커리어에 대해 고심 중인 이들에게 들려주고 싶은 이야기를 담았다. 대학생 혹은 주니어 직원들에게 주로 해당하는 이야기가 될 것이다. 먼저 지원하고자 하는 팀이나 조직에 'ESG', '임팩트', '소셜' 등과 같은 단어가 들어가 있고 없고의 차이를 너무 크게 생각하지 않았으면 한다.

이 단어를 조직이나 직책을 나타내는 명칭에 기재했다고 해서 꼭 더 좋은 포지션이라고 단정할 수 없다. 이런 단어들이 전혀 없는 부서인데, 외려 더 소셜 임팩트에 대해 진지하게 고려하고 있는 곳일 수 있는 법이다. 진로는 짧은 단어로 다 설명할 수 없는 훨씬 긴 여정이다.

그리고 커리어는 입사 후 1~2년 안에 끝나는 게 아니다. 직무 전환을 하기도 하고, 이직의 기회도 있고, 또 여러 사회 트렌드 변화에 따라 새로운 과업이 부여되기도 한다. 근무 도중 대학원에 가게 되는 경우도 있다.

ESG팀이 아니어도 회계팀, 법무팀, 홍보팀, 인사팀 등에서 각 조직의 성격과 미션에 부합하게 지속가능경영을 이어갈 수 있다. ESG 측면에서도 재무 파트에서 기후공시, 녹색 금융 업무를 수행할 수도 있고, 인사팀에서 인권 실사 업무를 경험할 수도 있다. 법무팀에서는 ESG 중 G를, 홍보팀에서는 S를 좀 더 집중해서 부딪혀 볼 수 있을 것이다. 이게 다 지속가능경영의 일환 아닌가?

또 회사마다 부서에 부과되는 R&R이 다르다. 부서 이름은 상황에 따라 변경될 수 있기 마련이다. 일각에서 ESG에 대한 백래시backlash로 ESG가 위기를 맞았다고 주장한다. 고로 ESG 커리어도 2~3년 잠깐 각광받았던 것뿐이라고 말하는 이들이 있다.

그런데 백래시를 불러일으킬 정도로 이렇게 영향력을 크게 끼쳤던 경영 트렌드가 많이 있었던가. 미국 대선 결과까지 끌어들여 논의를 이어가고 있다는 것 자체가 ESG의 생명력과 존재감을 웅변한다. ESG라는 단어가 또 다른 조어로 대체될 수는 있을지 모르겠다. 그렇다고 지속가능경영의 철학이 사라지는 건 아니다.

고민 2. ESG 커리어에 유리한 전공이란?

ESG의 논리나 글로벌 트렌드에 대한 의견 외에 적지 않은 비중을 차지하는 질문이 있다. 뜻밖에도 다름 아닌 진학 및 전공 고민이다. 고등학생, 대학생 독자들에게 받는 메일에는 보통 어떤 전공을 하는 것이 ESG 관련 커리어를 이어가기에 유리한지에 대한 깊은 고민이 담겨 있다. 고교생 입장에서는 아예 대학 선택이 달린 중차대한 문제다. 고교생과는 결이 다르지만 대학생이라고 전혀 다른 고민이 있는 것은 아니다. ESG가 유망한 분야로 보이니, 전과나 편입 등의 방식으로 전공을 바꿀 결심까지 하고 메일을 보내는 경우도 있다. 혹은 대학원 진학을 꿈꾸는 이도 많다.

값진 고민이다. 다만 결론부터 말하면, ESG 커리어를 쌓기에 유일한 단일 전공은 존재하지 않는다는 것이다. 'E'라는 키워드가 있으니, 직관적으로 환경공학이 좋지 않을까 생각할 수도 있다. 물론 환경공학은 유용하고 값진 학문이다. 다만 환경공학을 전공한다고, 바로 ESG 포지션에 진입한다는 보장은 없다. 업계에 발을 담근 후에도 다른 전공을 한 동료보다 유리한 점이 딱히 더 많은 것도 아니다.

사실 지나치게 단순한 접근이다. E가 환경공학과와 가깝다고 치자. 그러면 S는 어떤 공부를 해야 한다는 말인가? 말 그대로 사회학을 수학하면 될까? 보다 입체적인 접근이 필요하다. 또 환경에 대해 열심히 공부했다고 가정해도, S나 G와 관련한 문제에는 어떻게 대응할 건가?

대학원 고민도 마찬가지다. 근년에 ESG를 테마로 다루는 대학원이 하나둘씩 생겨나고 있다. 경영대학원에 신규 세부 전공으로 개설되기도 하고, 경제학 학위와 연동되는 학교도 있다. 녹색성장, 지속가능경영, 기후경제 등의 이름이 붙어 있는 곳들도 있다. 공부해서 남 주나? 다 좋다. 다만 중심을 잡아야 한다.

실제 ESG로 커리어를 쌓은 현업 전문가들을 만나보면 학교 전공은 정말 다양하다. 경영학, 경제학 등 상경계열도 많고, 법학과나 사회복지학과 출신도 있다. 행정학, 정치학 등 사회과학계열도 적잖다. 녹색건축 인증을 다루는 회사에는 건축학, 부동산학, 토목학 등의 전공자들이 즐비하다. 학부 전공과 대학원 전공이 다른 경우도 부지기수다.

이쯤 되면 ESG를 이해하는 데 도움이 안 되는 전공을 찾기가 더 어렵다. 사실 중요한 것은 어떤 학과에서든 ESG로 자신만의 스토리를 만들어가고 그것들을 유기적으로 연결해 가는 과정이다. 복수전공을 적극적으로 활용하는 것도 좋은 방법이다. 대기과학과 법학을 같이 공부하면 어떨까? 최근 들어 경영 컨설팅사뿐 아니라 로펌에서도 ESG 부서를 많이 만들고 있다. 이곳에는 변호사뿐 아니라 컨설턴트들이 일을 한다. 행정학과 회계학을 같이 공부해도 좋겠다. ESG는 환경부, 산자부 등 정부 정책과 밀접한 관련이 있다. 관들을 이해하는 행정학적 렌즈는 긴요하다. 또 회계 지식으로 ESG 공시의 적실성을 따져보자.

자신만의 ESG 스토리를 만들어가자

ESG도 ESG 커리어도 쉽게 무너지지 않으리라. 본인이 가진 직무와 소셜 임팩트의 가치를 결합하면, 자신을 더 차별화된 인재로 만들어줄 수 있을 것이다. 자기가 현재 서 있는 혹은 미래에 가게 될 그곳에서 단단히 중심을 잡은 채, ESG라는 스토리를 계속 연결해보길 권한다. 지금 꼭 'ESG팀'이 아니어도 괜찮다.

 ESG적 생각

전공 수업을 통해 어떻게 ESG에 혹은 각자가 꿈꾸는 분야에 한 발짝 더 다가갈 수 있을지 고민해 보자. 자신의 목표를 보다 구체화하기 위해 다른 학과 수업도 적극적으로 찾아보자. 그리고 무엇보다 자신만의 ESG 스토리를 만들어가는 과정이 가장 중요하다. 그 스토리는 부서 이름이나 전공 이름에서 오는 것이 아니라, 자신이 어떤 가치를 추구하고, 어떤 임팩트를 만들어 내고 싶은지에 대한 진정성 있는 탐색에서 비롯될 것이다.

ESG 바람을 넘어서, 꺾이지 않는 마음으로 지속가능 미래를 향해

최근 몇 년간 ESG는 경제계를 사로잡은 핵심 키워드로 자리 잡았다. ESG를 주제로 정기적으로 칼럼을 준비하는 것은 생각보다 훨씬 더 지난한 작업이었다. 지금 한창 왕성하게 토론되고 있는 영역이기에, 주장을 펼쳐가는 과정에서 보다 섬세한 사고가 요구됐다. 확립된 정답이 있는 분야도 아니었고, 전문가와 비전문가를 구획하는 것도 모호하기 짝이 없었다. 애초에 E, S, G 모두를 아우르는 전문가의 존재를 상정하는 것 자체부터 오류라는 생각마저 들었다.

요지경 속의 ESG, 그 급격한 부상과 변화

ESG의 위상은 수시로 변화했다. ESG는 말 그대로 '열풍'을 일으

켰고, 각광받는 블루칩이 되었다가, 정밀 타격의 대상이 되기도 했다. '규제'의 유의어였다가, '미래세대를 위한 담론'으로 격상되기도 했다. 너도나도 ESG의 중요성을 설파하고 다녔다. 환경운동가든 기업인이든 위정자든 ESG를 강조했다. 세상은 요지경, 아니 ESG는 요지경이었다.

유수의 글로벌 대기업과 금융사는 앞다투어 이사회 산하에 ESG 위원회를 만들었고, ESG 경영 선포식을 개최했다. ESG 전담 부서를 두는 기업이 증가하는가 하면, 그 어느 때보다 지속가능경영보고서의 발간이 활발하게 이루어졌다. ESG 내재화를 위한 사내 교육 프로그램도 여러 형태로 고안되었다.

필자 주변에는 이런 흐름 속에서 ESG로 아예 업을 전환한 사례도 있었고, ESG를 전문적으로 공부해 보고자 대학원에 진학하는 사례도 있었다. 실지로 ESG 관련 채용이 급증했고, 담당자들의 이직도 어느 때보다 활발했다. ESG 생태계에서는 구직난이 아닌 '구인난'이 화두였다. ESG 역사가 일천한 만큼, 실무자의 풀도 넉넉할 리 만무했다.

환경공학 전공자를 찾는 기업이 갑자기 많아졌고, 대내외 커뮤니케이션 업무를 맡은 PR 전문가들이 이해관계자들과의 소통에 능하다는 측면에서 ESG 업무를 성공적으로 겸하기도 했다. 지배구조 이슈로 상법 전문가들의 주가가 상승했으며, 글로벌 NGO 출신 인력들이 대기업과 컨설팅사로 적을 옮기기도 했다.

그러다가 또 갑자기 ESG 부서가 축소되는 등 분위기가 급반전되기도 했다. ESG라는 용어 자체를 부서 간판에서 내리는 곳도 있었다. 이런 격변이 고작 지난 몇 년 내 벌어졌다. ESG 열풍의 후퇴 원인은 복합적이다. 글로벌 경기 침체, 단기 실적 중심의 시장 압박, 그리고 ESG의 실질적 가치에 대한 의문 등이 작용했다. 일부 기업들이 '그린워싱'이라는 비판을 받으면서 ESG에 대한 회의론이 불거지기도 했다. 어지러울 따름이다. 이래저래 ESG는 아직 갈 길이 멀다. 이제 시작이라고 해도 과언이 아니다.

'이기적인 투자자의 이타적인 투자법'

아직까지 우리 사회의 ESG 이해도 수준은 박약하기 그지없다. 오피니언 리더로 분류되는 사람들이라고 크게 다르지 않다. ESG가 단순한 뜻풀이에서 그쳐서는 안 된다. 공부가 필요하다. ESG를 주제로 한 책도 여러 권 출간됐다. ESG를 더 깊게 파고들려는 독자 수요가 반영된 현상일 것이다.

ESG를 '투자'라는 렌즈로 조망한 책을 찾는 것은 여간 어려운 일이 아니었다. ESG는 단순히 '착한 기업'이 되자는 앙가주망 성격의 슬로건이 아니다. ESG 경영을 모범적으로 수행하는 기업에 '투자'가 원활하게 이뤄져야만 한다는 새로운 맥락이 배태되어 있다. ESG가 CSR(기업의 사회적 책임), CSV(공유가치 창출)와 변별되는 지점이다.

수원대 건축도시부동산학부 민성훈 교수가 쓴 『투자의 미래 ESG』는 그런 점에서 존재가치가 남다르다. '이기적인 투자자의 이타적인 투자법'이라는 책의 부제는 ESG의 본령을 간명하게 웅변한다. 이기적인 성향의 투자자에게도 ESG는 '이익'으로 변환되어 다가올 수 있다. 비재무적인 요소를 고려한다는 것이 이익을 포기한다는 의미가 아니다.

또한 ESG는 그저 대외적인 이미지가 좋고, 도처에서 선행을 베푸는 '착한 기업'이 되어야 한다는 관념적인 도덕론과도 거리가 멀다. '앙가주망'보다는 치열한 '현실 논리' 위에 발을 딛고 있기도 하다.

기획, 재무, 홍보, 인사, 법무 등 역사 자체가 오래된 직무와 달리 사내에서 ESG는 그 위상이 '상대적으로' 아직은 공고하지 않은 듯하다(당연히 회사마다 사정이 다르겠으나, 일반적인 '경향성'이 그렇다는 것이다). 앞서 말한 직무들은 그 자체로 하나의 학술적 영역으로 발돋움했다. 이 말은 산업계와 학계 간 건설적인 연결고리가 작용한다는 것이다(긍정적인 의미로 한 말이다. 관련 학회의 규모도 크고, 이론과 실무의 조화가 이뤄지고 있으며, 산업계 관계자들의 재학습도 원활하다는 방증이다).

ESG가 시쳇말로 '핫하다'고 해서, ESG 부서나 담당자들이 자동으로 모두 다 '핫한' 사람이 되는 것은 아닐 터이다. 기실 ESG는 그 자체로 경영 전략의 토대가 되어야 한다. '선한 마음'으로 소구하는 것에는 한계가 자명하다. 인사와 기획, 커뮤니케이션, IR 등을 아우를 수 있는 역량을 구비해야 한다. 어렵지만 어쩌겠는가. 하는 데까지 해 봐야 한다.

ESG는 요술 방망이일 수가 없다. 앞으로도 전반적인 경기 침체로 ESG는 툭하면 비난과 배척의 대상이 될 공산이 크다. 이제는 지겹기까지 한 ESG 무용론, 회의론 등은 더욱 힘을 받을 것이다. 반대 진영의 위세가 만만찮다.

그럼에도 ESG의 날갯짓은 멈출 수 없다. 대항 논리에 대항할 준비를 해야 한다. "중요한 것은 꺾이지 않은 마음"이라고 하지 않았던가? 유럽의 축구 강호 포르투갈을 상대로 끝까지 포기하지 않고 악착같이 달려가서 상대의 골망을 흔들고 승리를 쟁취했던 우리 축구 국가대표팀처럼. ESG를 고민하고, ESG를 실천해 가는 담당자들에게 앞으로도 분전해 달라고 부탁하고 싶다. 이는 단순한 응원을 넘어, 미래 비즈니스 환경에서의 생존과 번영을 위한 절실한 제안이기도 하다.

ESG 경영과 지속가능경영의 철학을 적극적으로 내재화하고자 노력하는 기업에 보다 원활한 투자가 이뤄져야 한다는 의식이 지금의 ESG 열풍을 추동했다는 점도 인지할 필요가 있다. ESG라는 의제를 '초기에' 선도해 왔던 인물이 경제사상가나 정치 리더가 아닌 세계 최대 자산운용사의 회장이었던 점을 복기해 보면 ESG의 본령이 어떤 것인지 감이 잡힐 것이다.

민성훈 교수는 ESG를 "코로나 19로 비좁아진 스마트폰 화면 사이로 끊임없이 출현한 단어"라고 표현했다.[1] 아마 ESG는 앞으로도 어떤 맥락으로든 '스마트폰 화면 사이로 끊임없이 출현'할 개념이 될 터이다. '이타적인 투자법'을 배워야 할 때이다.

ESG는 그 개념적 혼란기를 지나 보다 성숙한 단계로 진입하고 있다. 기업들은 단순한 선언이 아닌 측정 가능한 ESG 성과를 창출하려 노력하고, 투자자들은 더욱 정교한 ESG 평가 기준을 개발하고 있다. 규제 환경 역시 같은 강력한 프레임워크를 통해 ESG 공시를 표준화하는 방향으로 진화하고 있다.

---

[1] 민성훈. (2021). 『투자의 미래 ESG - 이기적인 투자자의 이타적인 투자법』. 한숲.

ESG적 생각

재차 언급하지만 중요한 것은 '꺾이지 않은 마음'이다. ESG의 진정한 가치를 이해하고 실천해 나가는 여정은 이제 선택이 아닌 필수가 되었다. 단기적인 부침에 일희일비하기보다, 장기적 관점에서 ESG를 통합적인 비즈니스 전략으로 승화시키는 데 우리 모두의 지혜와 실천이 필요한 시점이다.

파타고니아, '자멸의 덫'을 넘어 업業의 의미와 즐거움을 찾다

이본 쉬나드가 초판을 쓰는 데 무려 15년의 세월이 걸린 책『파타고니아, 파도가 칠 때는 서핑을』[1]을 폈다. 그간 분명 몇 번 훑어봤다고 생각했는데, 제대로 읽어보겠다고 마음먹으니 군데군데 새로운 '등반로'가 보였다. 산을 오르는 마음으로 파타고니아 속으로 들어갔다.

2020년에 번역된 한글 제목도 멋지지만, 2016년에 발간된 원제『Let My People Go Surfing』도 가히 매력적이다. 'My People'이 서핑을 할 수 있게 해주는 기업이라니. 그 기업과 창업자 이본 쉬나드를 더 알고 싶게 만든다.

1 　이본 쉬나드. 이영래 역. (2020). 『파타고니아, 파도가 칠 때는 서핑을 - 지구가 목적, 사업은 수단 인사이드 파타고니아(Let My People Go Surfing)』 라이팅하우스.

유익함과 수익성의 공존… 옳은 일이 전제가 되는 경영

"파타고니아와 2,000명의 직원은 옳은 일을 하는 것이 세상에 유익하
면서도 수익성이 있는 기업을 만든다는 것을 전 세계 기업에 입증해
보일 수단과 의지를 갖고 있다."

이 문장을 세 번 읽었다. 첫 느낌은 "멋진 말이네"였다. 다시 읽어
보고는, "결코 만만한 일이 아닐 텐데"라고 읊조렸다. 세 번째 읽고
서는 메시지가 묵직하게 다가왔다. 유익함과 수익성을 동시에 지향
한다는 것. 그 중심에 '옳은 일'을 내세웠다는 것. '지향'을 넘어 '입
증'을 해 보겠다는 것. CSR이니 CSV니 ESG니 하는 조어를 갖다 댈
필요가 없는 문장이었다.

"옳은 것을 선택하고 좋아하는 일을 하면서 압도적으로 성공하는
법"이라는 문구에는 말 그대로 '압도'됐다. 지금 우리 사회와 기업
에, 그리고 기업 현장에서 실무를 보고 있는 필자에게 고민을 던져
주는 말이었다.

보통 (대개 재무적 측면에서) 성공한 기업인을 다룬 책을 보면, 우리
는 그들의 위기관리 능력이나 도전정신, 성실함 등을 배워야겠다는
생각 정도를 하곤 한다. 즉, 배워야 할 것이 '업무 능력'에 한정되는
것이다. 이는 사무실에 국한된 배움이다(물론 이것만으로도 독서의 효

용 가치는 충분하다).

다만 기업인의 책을 보고 '삶의 태도'에 대해 돌아보게끔 하는 경우는 흔치 않다. 인생을 곱씹어보는 계기를 주는 것은 대개 철학자나 위정자 등이 나오는 영웅적인 서사를 통해 이뤄지곤 한다. 이때 여러 드라마적 요소가 가미되곤 한다. 말 그대로 드라마다.

그런데 이 책은 분명 기업가와 기업을 다뤘음에도 '삶의 태도'에 무게중심을 찍고 독해를 하게끔 하는 신묘한 힘을 지녔다. 직업인으로서가 아닌 한 명의 인간으로서 성찰하게끔 하는 것이다. 경영 도서라기보다는 인문학 도서, 철학 도서에 가깝다고도 볼 수 있다.

이본 쉬나드를 만든 어머니의 힘

가족 전체가 서부로 향하는 길에 이본 쉬나드의 어머니가 국도에서 차를 멈추고, 호피족 여성과 아이들에게 여행을 위해 준비했던 옥수수 전부를 건넨 에피소드가 뇌리를 스친다. 이본 쉬나드는 말한다. "그 사건이 자선 활동에 관한 나의 첫 경험"이라고. 이 대목에서 나는 한 아이의 아버지로 모드를 전환하게 됐다. 아이가 어떤 어른이 될지 궁금하기도 하고, 무거운 책임감도 새삼 다시 느끼게 된다.

이본 쉬나드의 어머니는 아들만큼 세계적인 명성을 얻지는 못했겠으나, 저 짧은 에피소드를 통해서 우리는 그가 아무런 맥락 없이 갑자기 "지구가 목적, 사업은 수단"을 외치는 혁신가가 된 것이 아님을 어렵지 않게 유추할 수 있다. 어머니의 영향. 동서고금을 막론하고 강력한 인자다.

IPO와 엑싯만이 기업 경영의 최종 목표가 된 사회는 얼마나 지속가능할까?

또 국내에서는 '상장'이 웬만한 기업의 지상 과제인 상황인데—물론 IPO가 나쁘다고 생각하는 것은 아니지만, 그것만이 기업의 최종 목적이 되는 것에 대해서는 문제의식을 갖고 있다— '공개 기업'이 되었을 때 환경보호보다 주주들의 목소리(대개 회사 매출 증대에 따른 배당 확대 요청)에 휘둘리게 되는 것을 우려해 상장을 추진하지 않는 것 또한 인상적인 대목이었다(필자가 IPO에 대한 이본 쉬나드의 견해에 다 동의한다는 것이 아니라, 말 그대로 '인상적'이었다는 것이다). 그는 합자회사가 되는 것만으로도 운영 방식에 '족쇄'가 생긴다고까지 말한다. '성장의 덫', '자멸의 덫'이라는 표현까지 덧붙인다.

IPO 이후 '엑싯Exit'이 하나의 성공신화로 칭송받는 사회, 그놈의 '엑싯'을 통해 벌어들인 수익을 상찬하고 한편에서는 질투하는 사회, 이것이 과연 지속가능한 사회일까? 우리는 족쇄를 바라는 이가 넘쳐나는 토양에서 호흡하고 있다. 자멸의 덫, 그 이상도 그 이하도 아닐 수 있다. 우린 덫에 빠졌다.

대의명분만으로는 지갑을 열 수 없다, 품질에 대한 파타고니아의 올곧은 고집

이쯤 되면, 이렇게 반문하는 이가 있을지 모르겠다. "아니 그러면 환경 운동을 전업으로 하라 그러지?" 이본 쉬나드가 차별화된 지점은 여기에 있다. 그는 '품질 관리'를 그 어떤 기업인보다 강조해 마지않는다. "다 좋은 일에 쓰는 거니깐 저희 제품 사주세요"라고 하지 않는다. 인정에 호소하는 법이 없다. 소비자들은 선한 의도에 박수를 보내지만, 최종 선택(구매)은 또 다른 영역이다. 선한 의도에 품질이 겸비되어야 지갑을 연다. 당연한 소비 생리다.

이본 쉬나드는 더 이상 뺄 것이 없어야 완벽하다고 말한다. 특히 암벽등반 장비를 만드는 것에서 비즈니스를 시작해 왔기에, 자신들의 제품이 등반가의 목숨과 연결된다는 점을 냉철하게 인지하고 있다. 파타고니아를 '환경보호', 네 글자로만 요약하는 것은 반쪽짜리 접근이다. 탄탄한 가치를 지닌 브랜드로 지속 성장할 수 있었던 것에는 품질에 대한 고집, 신념이 자리 잡고 있다. 파타고니아를 착한 기업으로만 간편하게 정의하는 것은 단견의 소치다.

'파타고니아 서울가로수길직영점'에 방문한 적이 있는데, 커다란 '원웨어Worn Wear' 트럭이 눈길을 끌었다. 원웨어 철학의 시각적 구현이랄까. 책에서 읽은 '철두철미 보증제Ironclad Guarantee'와도 연결해 본다. 다른 안내판에서는 "고쳐 쓰고, 오래 입자"라고 말한다. 오래된 옷을 고쳐 입는 것은 정말 멋진 일이라는 문구도 존재한다. '오래된 옷'을 더 입기 싫어서 '새 옷'을 사러 온 사람에게 고쳐 쓰고 오래 입자고 하다니. 역으로 품질에 대한 묘한 자신감도 읽힌다.

예전 같았으면 그냥 지나쳤을 텐데, 작게 마련된 '셀프 패키징' 공간도 눈에 들어온다. 카메라 셔터를 누르지 않을 수 없다. "선물할 제품의 크기에 맞게 친환경 포장지를 감싼 후 잘라주세요"라는 안내. '크기에 맞게'와 '친환경 포장지'에 마음속 밑줄을 쳐본다. 그동안 얼마나 '크기에 맞지 않은' 포장이 많았을 것이며, '친환경적이지 않은' 포장지가 범람했을까. 파타고니아는 지구를 '주주'라 표현하는데, 그간 우리는 우리가 유일한 주인인 양 지구를 훼손했다. 일방적이고 무도한 태도다.

파타고니아의 환경보호 주요 활동을 연도별로 기록한 칠판과도 조우했다. 1972년 클린 클라이밍부터 책에도 기재된 여러 프로젝트가 기술되어 있다. 거친 상승곡선으로 매출을 자랑하는 여타 브랜드와는 결이 다른 '자랑'이다.

모두가 파타고니아가 될 순 없지만,
한두 개는 배워 볼 수 있을 것

이본 쉬나드는 일의 의미뿐 아니라 '재미'까지 획득한 희소한 인물이다. "일터로 오는 길에는 신이 나서 한 번에 두 칸씩 계단을 경중경중 뛰어올라야 한다"라는 말은 요즘 시쳇말로 꼰대의 강박일까, 아니면 일의 즐거움을 찾은 달인의 언설일까. 후자에 가깝다고 생각한다. '경중경중'은 단순히 낙천적인 긍정성만으로 뒷받침될 수 있는 것은 아닐 터이다. 업業에 대한 치열한 고민, 열의, 몰두가 있었을 게다.

책을 덮으며, 파타고니아를 더 알고 싶다는 생각에 깊이 빠지게 됐다. 자멸의 덫을 넘어, 지속가능경영에 대해 다시금 숙의해야 할 때다. 모두가 파타고니아처럼 될 수는 없어도, 파타고니아의 여러 모습 중 한두 개 정도는 배워볼 수 있지 않을까.

🍎 ESG적 생각

직장에서 매일 같이 부딪히는 존재론적 고민, 일에 임하는 태도, 산업 생태계에 복무하며 사회를 조금이라도 더 건강하게 만드는 데 일조하겠다는 소명의식, 업무를 넘어선 삶에 대한 자세, 이런 질문에 직면하고 있는 동료 및 선후배들에게도 일독을 권한다. 주말에는 북한산에 다녀와야겠다. 쉬나드의 오기인 '취나드' 길을 만나러.

기후위기와 ESG에 대한
어젠다 키핑

국가로는 방글라데시, 중국, 인도, 네덜란드. 도시로는 라고스, 마푸토, 방콕, 다카, 자카르타, 뭄바이, 상하이, 코펜하겐, 런던, 로스앤젤레스, 뉴욕, 부에노스아이레스, 산티아고.

어떤 이야기를 하려 길래 세계 도처의 국가와 도시 이야기를 꺼낸 것일까?

안토니우 구테흐스 유엔 사무총장은 2023년 2월 개최된 안전보장이사회 회의에서 해수면 상승이 세계평화와 안보에 악영향을 주는 '위협 승수threat-multiplier'이자, 엄청난 규모의 엑소더스를 야기하게 될 것이라고 경고했다. 그에 따르면, 앞의 4개 국가는 어떤 시나리오로 보더라도 위험에 처하게 될 공산이 크다. 그리고 뒤의 도시들은 심각한 충격에 직면하게 될 각 대륙의 메가시티 명단이다.

대규모 기후난민의 발생

구테흐스 사무총장은 특히 저지대 해안 인근에 거주하는 약 9억 명의 사람이 치명적인 위험 상태에 빠질 것을 우려했다. 이는 지구 인구 10명 중 1명에 해당하는 규모이다. 어떤 국가는 아예 소멸할 수도 있다. 이는 '기후난민'이 대거 발생할 것을 의미하고, 자원을 둘러싼 잔혹한 쟁탈전은 세계 곳곳에 생채기를 남길 것이다. 그의 말마따나 정말 '상상도 할 수 없는unthinkable' 결과이자 사형 선고death sentence이다.[1]

유엔 산하 세계기상기구WMO, World Meteorological Organization는 최근 약 백 년의 해수면 및 수온 상승이 지난 1만 1천 년 동안 그 어느 때 보다 더 빨랐다고 분석했다. 이런 상황에서는 새로운 관점으로 국제법을 들여다봐야 한다. 정치학, 경제학, 지역학 등 기존 사회과학의 문법에도 근본적인 변화가 긴요하다. 우리는 기후변화가 양출하는 외교적인 규범 변화와 국제경제의 질서 이동을 보다 기민하게 간취해야 한다.

---

1 UN. (2023). Secretary-General's remarks to the Security Council Debate on "Sea-level Rise: Implications for International Peace and Security".

한국 정치권의 변화, 기후 인재의 등장

2024년에 치러진 제22대 국회의원 선거에서는 이전과 달리 기후 이야기가 선거의 맥락 아래 조금씩 운위되었다는 점이 주목할 만하다. 이른바 '기후 인재'도 여당과 야당에 고루 영입됐다. 그간 기후 문제는 진보진영의 어젠다라는 인식이 짙었는데, 보수정당에서도 기후 인재가 설 공간을 마련했다는 것은 분명 의미 있는 변화다.

에너지·환경 분야 인재로 여당[2] 국민의힘에 영입된 정혜림 전 SK경영경제연구소 리서치펠로우는 30대 청년이다. 울산과학기술원 UNIST에서 환경공학과 생명공학을, 한국과학기술원KAIST에서 녹색경영정책을 수학한 후 한국에너지기술연구원 국가기후기술정책센터, SK경영경제연구소에서 업력을 쌓은 녹색성장 전문가다. 그는 기후 문제를 산업 전환의 관점에서 바라봐야 한다며, 기후 문제가 보수정당의 주요한 어젠다가 될 수 있다고 역설했다.

한국신재생에너지학회 부회장을 역임한 김소희 전 기후변화센터 사무총장도 국민의힘에 영입됐고, 비례대표로 국회에 입성했다. 문국현 전 유한킴벌리 대표가 "일부 기득권이 저항하고 있지만 ESG가 후퇴할 가능성은 없다"[3]고 말했던 것처럼, 기후 어젠다는 이제

---

2   2024년 총선 시점 기준.
3   권혜숙. (2023). "'제겐 언제나 미래 금광이 보입니다" 문국현 대표의 조언". 국민일보, 1.18.

정치적 스펙트럼을 넘어선 국가적 과제로 자리매김하고 있다.

제1 야당 더불어민주당에서는 기후·환경 전문 변호사가 1호 영입 인재의 타이틀을 거머쥐었다. 스웨덴 룬드대학교에서 환경경영과 정책을 공부하고, 환경 컨설팅사 에코프론티어를 거쳐 SK텔레콤에서 CSRCorporate Social Responsibility 실무 경험을 쌓은 박지혜 변호사는 30대 중후반에 법학전문대학원의 문을 두드린다. 그 후 녹색법률센터, 기후솔루션 등을 거치며 환경 이슈에 전문적인 식견을 갖춘 변호사로 거듭난다. 그는 경기 의정부시 갑에서 당선됐다. 참고로 기후솔루션은 이소영 의원(기후솔루션 전 부대표)에 이어 환경 분야 인재를 연속으로 배출하게 됐다.

원내 제3당(21대 국회 기준)의 영입 인재 1호 또한 기후위기에 대해 꾸준히 목소리를 낸 대기과학자 조천호 박사다. 국립기상과학원장을 역임한 조 박사는 『파란하늘 빨간지구』의 저자이기도 하다. 그는 영입 인재 입당식에서 "기후위기에서 진짜 위험은 주류 정치인들이 세상을 바꾸고자 하는 의지가 없다는 데 있다."라고 일갈하기도 했다.

기후 정치인에게 바라는 역할과 책임

어젠다 세팅Agenda Setting뿐 아니라 어젠다 키핑Agenda Keeping[4]에도 눈을 돌려볼 때다. 이는 비단 저널리즘에만 국한되지 않는다. 기후변화, ESG라는 의제가 지난 몇 년간 한국 사회에서 활발하게 '설정setting'되었다. 이제는 다양한 형태의 저항, 반대, 비판에도 이 의제를 뚝심 있게 '유지keeping'하며 관련 담론을 발전적인 방향으로 지켜나가는 끈기와 지속적인 연구가 필요하다.

국회 배지를 달게 됐든, 그렇지 않든, 기후 인재로 영입된 전문가들은 앞으로 주기적으로 자당의 기후정책 성적을 냉정하게 평가하고 개선 방향을 대중 앞에서 명확히 발표해야 할 것이다. 다른 정당을 비판하기 전에 본인 소속 정당의 현주소를 객관적으로 들여다보는 것이 먼저다.

그리고 초당적인 기후·환경 전문가 그룹(대학교수, 시민사회, 언론인 등)과 기후 문제 해결을 위해 머리를 맞대고, 입법 성과를 보고해야 한다. 임기 중반이 지나가는 시점에는 이 그룹에 '재신임 평가'를 받는 것에 동의했으면 한다. 정치인으로서 청사진으로 내세웠던 기후 공약의 이행 정도가 엄격하게 심사되어야 한다. 물론 '정치적 평가'다. 정치인은 정치적으로 평가받아야 하는 법이니까. 기후 어젠

---

4   손석희. (2021). 『장면들 - 손석희의 저널리즘 에세이』. 창비.

다를 진득하게 밀고 나갈 역량과 소명의식이 절실한 시점이다.

아울러 선거를 앞두고는 늘 '의원'이 될 사람만 주목하는 경향이 있는데, 앞으로는 '기후 의원'뿐 아니라 '기후 보좌관'에도 각별히 관심을 기울일 것을 요청한다. 각 정당에서 환경 분야의 지식과 경험이 있는 전문 인력을 보좌진으로 적극 채용한다면, 양질의 기후 환경 정책을 고안하는 데 큰 도움이 될 것이다. 나아가서는 총선뿐 아니라 지방선거에서도 기후 인재의 등용을 지속해서 추진해야 할 것이다.

대선, 총선, 지선 등 선거는 계속 반복된다. 앞으로 선거에서 기후 이슈가 힘을 발휘할지, 혹은 다른 주제에 자리를 내어주고 뒤로 밀려날지는 '기후 유권자'의 행동과 태도에 달려 있다. 진정한 '기후 선거'를 만드는 것은 '기후 정치인'이 아니라 '기후 유권자'다. 정치 무관심, 정치 혐오는 답이 될 수 없다. 민주주의의 꽃이자 축제인 선거에서 기후 어젠다가 여러 의제 간 치열한 경합에서 '당선'되길 바라 마지않는다.

🍎 ESG적 생각

기후 정치인이든, 기후 유권자든 어젠다 키핑을 유념해야 할 것이다. 기후 위기와 ESG라는 의제는 단기적 성과에만 집중할 수 없는 장기적 관점이 필요한 과제다. 일시적 트렌드가 아닌, 지속가능한 미래를 위한 근본적인 전환을 위해서는 이 의제를 꾸준히 유지하고 발전시키는 강한 의지가 무엇보다 중요하다.

'덜'의 미학,
레스 웨이스트로 시작

'제로 웨이스트zero waste'라는 말이 널리 회자되고 있다. 일회용 비닐, 플라스틱 등의 사용을 줄여서 쓰레기waste를 0zero으로 만들자는 구호이다. 물론 제로는 중장기적인 목표치일 수 있다. 다만 몇 글자 안 되는 캐치프레이즈에서 '제로'가 갖는 뉘앙스는 남다르다. 누군가에겐 '제로'가 부담으로 다가올 수 있다. 제로 상태로 못 만들었을 때 되레 제로가 아니라는 이유로 비판을 받을 수 있다는 우려도 상존한다.

이때 우리의 부담을 줄여주는 표현이 '레스 웨이스트less waste'다. 실천 가능한 범위 내에서 쓰레기를 줄이자는 것이다. 쓰레기를 완전히 없애는 것zero만이 선善이고, 쓰레기를 '덜less' 만들어 내는 것은 악惡이 아닐 터이다. 후자도 충분히 가치 있는 행위이다.

비교급 표현 하나가 오히려 더 많은 사람을 이 캠페인에 동참하게끔 할 수도 있다. 환경 운동에 대한 심리적 진입장벽을 낮추는 것이다. 목표치에 대한 정서적 부담을 완화하고, 제로에 대한 강박에서 벗어나 내가 지금 당장 할 수 있는 작은 일부터 찾아서 실천하는 것. 그 출발점에 레스 웨이스트가 있다. 100 아니면 0이 아닌, 그 사이에서 계속 일회용품의 사용을 줄여 나가는 행보. '덜'의 미학이다.

지속가능성 시험 매장을 오픈한 영국 슈퍼마켓 체인

2020년 영국의 3대 슈퍼마켓 체인인 아스다ASDA는 환경단체에서나 만들 법한 이름의 신규 점포를 오픈했다.[1] 이름은 'Sustainability Trial Store!' 말 그대로 '지속가능성을 시험하는 매장'이다.

초록색으로 물들인 매장 외관과 퍽 어울리는 명칭이긴 하지만, 그 어느 때보다 치열한 생존 경쟁에 직면한 오프라인 유통 업체에서 '가격'이 아닌 '지속가능성'이라는 문구를 점포의 입구에 큼지막하게 내세웠다는 것은 예사로 볼 일이 아니다.

이곳에는 많은 제품이 리필 가능한 형태로 판매되고 있다. 세제

---

1   Rebecca Smithers. (2020). "Asda launches 'greener price' promise and sustainability store". The Guardian, 10.19.

나 샤워 젤은 물론 시리얼이나 파스타까지. 식품류의 포장도 최소화했다. 우리가 보통 대형마트에서 장을 보고 집에 오면 가장 먼저하는 일이 무엇인가? 불필요한 포장지를 하나하나 벗겨내는 일이다. 성가시기 짝이 없다. 우리는 그렇게 매일 분별없이 쓰레기를 찍어내고 있다.

이 매장에서 필자의 눈길을 가장 강하게 사로잡은 어구는 'Same great value, just less plastic'이다. 뛰어난 가치는 그대로이되, 플라스틱은 덜 사용하는 것! 이 매장의 철학적 지향점을 함축한 표현이라할 수 있다. 일단 줄여보자는 것, 바로 레스 웨이스트다.

용기container를 내밀 수 있는 용기courage

"왜 당신은 용기를 가져오지 않나요?"라는 문구를 부착한 곳도있다. 바로 영국 최대 소매업체인 테스코다. 테스코 매장에는 이와같은 문구들이 곳곳에 게시되어 있다. 용기를 가져오면, 식료품을그 용기에 담아주겠다는 취지다. 최근 한국에서도 큰 반향을 일으켰던 '용기내 챌린지'도 이런 문제의식의 연장선에 있다. 물론 용기를 가져오라고 '권유'하는 것이지 '강권'하지 않는다. 다회용기에 음식을 포장하면 자연히 일회용품의 사용을 줄일 수 있다. 용기container

를 내밀 수 있는 용기courage가 필요한 시점이다.

더불어 테스코는 '4Rs'라는 전사 차원의 친환경 정책도 수립했다. Remove(제거), Reduce(줄이기), Reuse(재사용), Recycle(재활용)의 앞 글자를 딴 형태이다. 우리 기업들도 이런 부류의 친환경 강령을 만 드는 시도를 배울 필요가 있다. 그리고 홈페이지나 각종 인쇄물에 친환경 메시지를 당당히 밝히는 것이다. 선언하면 책임을 져야 하 니, 의식적으로라도 친환경 공법에 신경을 쓸 수밖에 없다.

🍎 ESG적 생각

국내에서도 플라스틱 트레이를 제거한 김을 출시하거나, 플라스틱 빨대 를 제거한 멸균 우유를 선보이는 등 여러 움직임이 감지되고 있다. 에코브 리티Eco+Celebrity들 또한 대중들의 친환경 캠페인 참여를 적극적으로 유도 하고 있다. '제로'로 가는 험로에도 우리가 희망을 놓치지 않는 것은 이처 럼 '레스'의 바람이 세차게 불고 있기 때문일 것이다. 레스 웨이스트의 철 학은 우리에게 완벽함보다는 지속성을, 이상보다는 실천을, 강요보다는 자발성을 중시하는 접근법을 가르친다. '덜'에 집중해 보자. 제로의 시작 은 '레스'이다.

일하는 사람을 위한 ESG적 생각

초판 1쇄 발행 2025년 11월 11일

지은이 김민석

편집 정아영
표지 디자인 스튜디오 사지
내지 디자인 박은진

마케팅 안보라
경영지원 임정혁, 이순미

펴낸곳 플랜비디자인 | **펴낸이** 최익성
출판등록 제2016-000001호
주소 경기도 화성시 동탄첨단산업1로 27 동탄IX타워 A동 3210호

전화 031-8050-0508 | **팩스** 02-2179-8994
이메일 planbdesigncompany@gmail.com | **인스타** @planb_designcompany

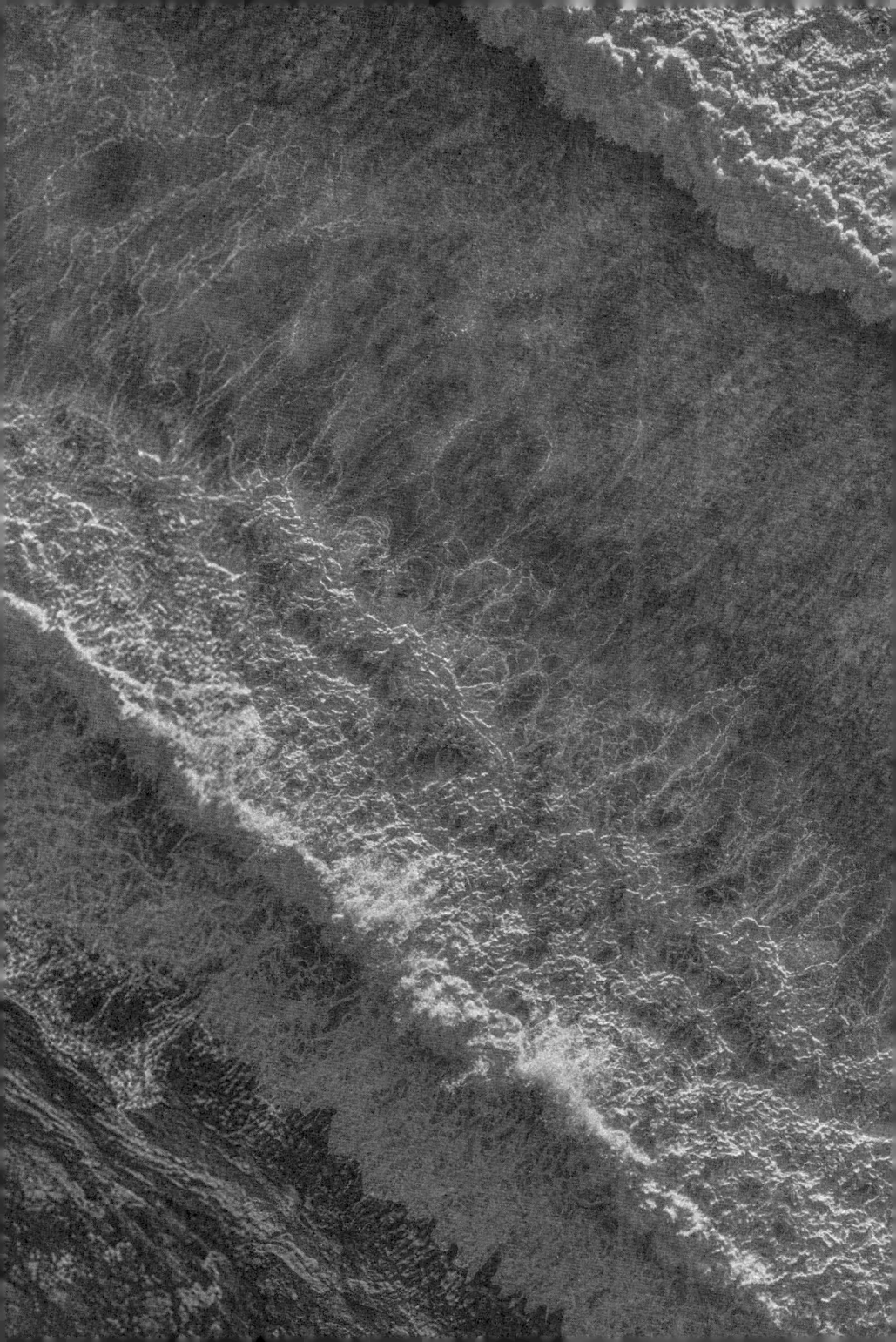

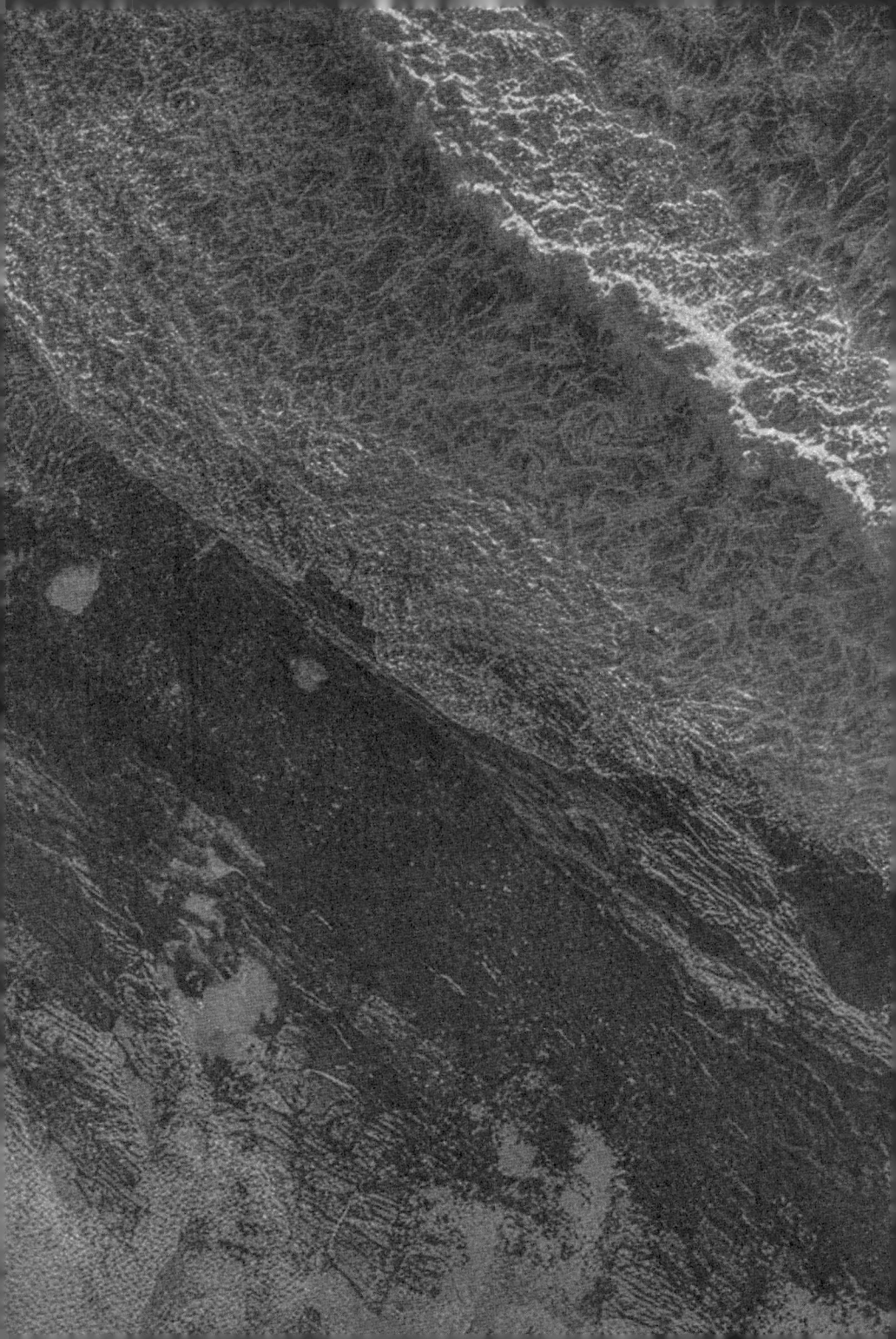